JN093126

何者かになりたい

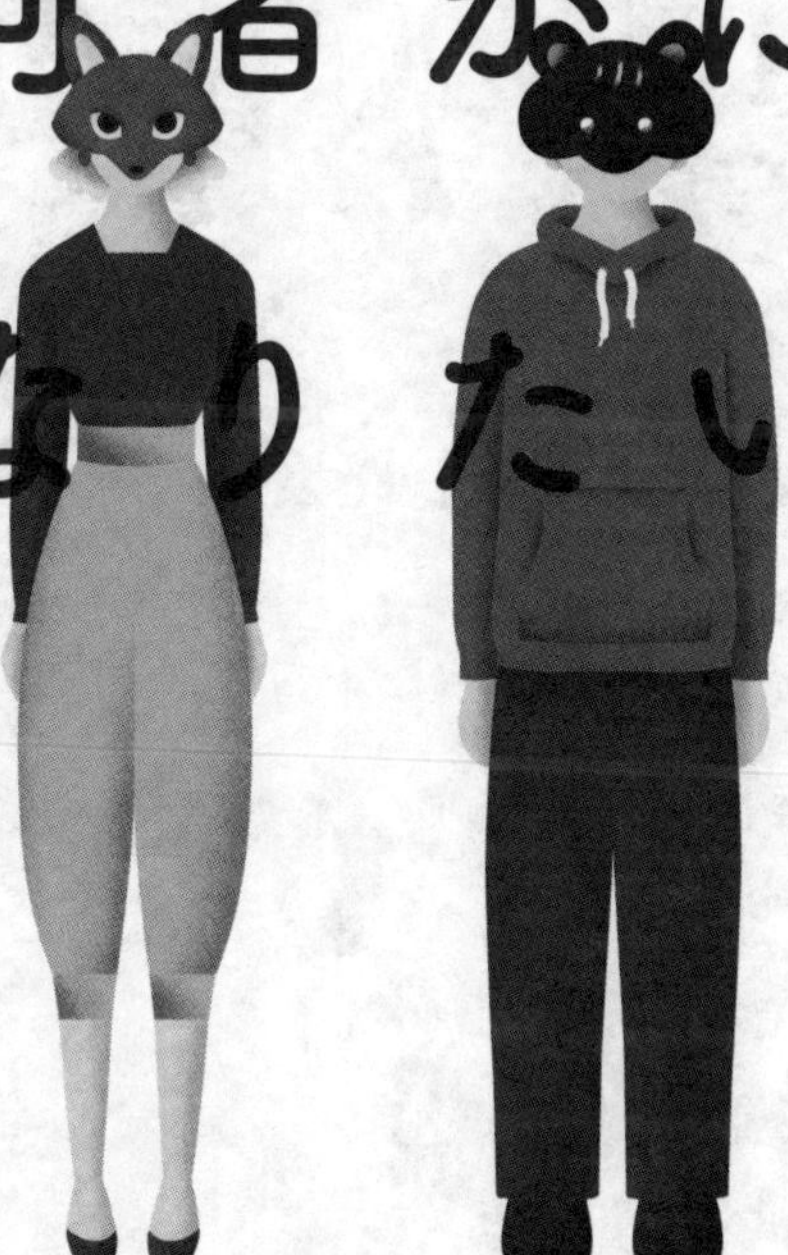

熊代亨

イースト・プレス

何者かになりたい

はじめに

自分とは、いったい何者なのでしょうか。

小さな子どもは自分がいったい何者なのか、自分とはどういう人間なのかを深く考えることがありません。自分が何者なのかを知らなくても困らないまま、小さな子どもはそのままでいられます。

ところが成長し、思春期を迎える頃にもなると、私たちは自分についてあれこれ考えはじめます。自分はこんな風になりたい……なりたい自分になれていない……こんなことを考える動物は、思春期以降の人間をおいてほかにありません。この本を手にするあなたも、「自分は何者なのか」「自分は何者になれるのか」考えたり悩んだりするのではないでしょうか。

それともあなたは、名声や地位を確立した人と自分自身を見比べて「自分はまだ何者でもない」と落胆したり、「自分は何者にもなれそうにない」と焦っていたりするかもしれません。そうした落胆や焦りは思春期特有のものではなく、時には中年の男女がそう思うこともあります。

どうして私たちは自分についてこんなに考えてしまうのでしょう？
どうして私たちは「何者かになりたい」と願い、「何者にもなれない」と悩むのでしょう？

この本では、こうした願い・悩みを**「何者問題」**と呼び、その分析と解決策の考案を行っていきたいと思います。

この何者問題については、20世紀の心理学者や精神科医の先達がさまざまなヒントを書いています。たとえば私が自分について考えずにいられなかった頃、小此木啓吾という精神科医が書いた『モラトリアム人間の時代』という本を読み、自分の成長戦略のヒントにさせてもらいました。この『モラトリアム人間の時代』は優れた解説書ですが、出版されたのが1978年と古く、さすがに今の時代には合わない部分も出てきています。また、全体的に文章が硬く感じられ、読みにくいと感じる人もいらっしゃるかもしれません。

そこで私は、2020年代にふさわしい内容と文体の何者問題についての本をつくろうと考えました。バブル景気が崩壊する前と後や、スマホやSNSが当たり前になる前と後では、私たちのコミュニケーションも、社会状況もかなり違っています。それに伴って、「何者かになりたい」ときに頼るべき手段も、「何者にもなれない」と悩んでいる人が注意しなければならないことも、変わってきていると私は見ています。

「何者かになりたい」という願いのために成長戦略を立てるにしろ、「何者にもなれない」という悩みを解消していく方法を考えるにしろ、20世紀の解説書のコピーアンドペーストではたぶんうまくいきません。控えめに言っても、20世紀の心理学者や精神科医が考えなくてもよかったことを考えておく必要性があるでしょう。

私自身がもっとも強く「何者かになりたい」と願っていた時期は、インターネットが普及期を迎えていた1995～2010年くらいで、当時の私は自分の成長戦略の一部としてオンライン化されたコミュニケーションをあてにしていました。私の成長戦略はウェブサイトやブログやツイッターのおかげで少しずつ実を結び、2011年に最初の書籍を出版して以来、私の人生はだいぶ変わりました。いわば、私はオンライン化されたコミュニケーションをとおして「何者かになった」わけです。一方で、同じように成長戦略を達成していく人だけでなく、どんどん何者問題の深みにはまっていく人や、何者問題によって誰かに搾取されていく人もたくさん見てきました。

いまどきの「何者かになりたい」や「何者にもなれない」について考える際、コミュニケーションがある程度までオンライン化されている前提は避けて通れません。私は平成生まれの方に比べて古い人間かもしれませんが、それでもインターネットの普及期からオンラインコミュニケーションと共に生きてきたぶん、そうでない同世代よりは若い人々に近いところがあるだろうと思っています。この本は、そういう精神科医が書いた「何者かになりたい」についての本だとご理解いただいたうえで、お読みいただければと思います。

以下、簡単にこの本の章立てをご紹介します。

第1章は、他人から褒められたり評価されたりすることで「何者かになる」ことの難しさについてです。昨今は競争社会といわれ、高学歴や高収入を目指す人が増えています。フォロワー数の多いSNSのアカウントや、登録数の多い動画配信チャンネルを持つことで何者かになろうとする人もいらっしゃるでしょう。でも、実際はそうシンプルに「何者かになれる」わけではありません。こうした、いわゆる承認欲求を充たす方向性の成長戦略は、時に自分が何者かわからなくなってしまうリスクを伴っています。そうした注意点についても触れていきます。

第2章は、人間関係や仲間意識が何者問題にもたらす影響についてです。「何者かになりたい」「何者にもなれない」というと、どこまでも自分自身のことだから他人は関係ない、と思う方もいらっしゃるでしょう。ところがそうでもないのです。たとえばバーベキューの輪のなかにあなたがうまく溶け込めているとき、少なくともその最中は何者問題に悩まなくなるのではないでしょうか。こんな具合に、人間関係や仲間意識によって何者問題は大きな影響を受けます。その影響について、注意点もまじえながら紹介します。

第3章は、何者問題を「アイデンティティ」という心理学の言葉で説明し、願いや悩みにどう向き合えばいいのかまとめました。何者問題を解決していく方法を心理学の言葉で言い換えるなら、それは「アイデンティティを獲得・確立していきましょう」となります。ただし、たとえばクラスの人気者と不登校の人ではそのための方策はだいぶ違ったものになるはずです。同様に、「何者かになりたい」という願いが優勢な人と「何者にもなれない」という悩みが優勢な人でも、とるべき解決法は変わってくるでしょう。そうしたケースバイケースな部分を意識しながら解決策を示してみます。

第4章は、何者問題と恋愛や結婚、パートナーシップについての章です。恋愛や結婚やパートナーシップが、何者でもない自分の最終的な解決策になると考える人もなかにはいるかもしれません。確かにそれらはあなたの何者問題と大きく関係していますし、強い影響を与える可能性があります。しかし本当にそれらは何者問題の特効薬になるのでしょうか？　恋愛や結婚やパートナーシップがもたらすものについて、のちのち家族をつくる段階も含めてここで展望してみます。

第5章は、子ども時代が何者問題に与える影響についてです。はじめに書いたように、小さな子どもは自分がどういう人間なのか自問自答することはありません。だからといって、子ども時代がこの問題に与える影響が小さいかといったら、そうでもありません。子どもの心理発達の視点からみた何者問題について、ここで紹介してみます。

第6章は、思春期を過ぎたあとに起こり得る何者問題に迫ります。親になったあとや中年期を過ぎたあとでも、何者問題は起こり得ます。しかも、それまでとは形を変えて。年をとって人生の残り時間が短くなっていくなかで、人は若者から大人へと変わっていかなければなりません。また、子離れや死別など、自分自身のアイデンティティの一部をなしていたものと別れるライフイベントもあります。そうした変化のなかで何者問題がどのように変化し、どのような新しい課題が現れてくるのか、予習をしていただきます。

メインの章はここまでになりますが、何者問題についてのいくつかのハウツーや具体的な問題についてまとめた補論を最後に付け加えました。そちらもあわせてお読みください。

この本を読めば、「何者かになりたい」願いや「何者にもなれない」悩みについて、だいたいの見通しと、あなたが取り組むべき課題がおおよそ把握できるのではないかと思います。ではさっそく、第1章に入っていきましょう。

もくじ

第1章

承認されると「何者か」になれる？

第2章 つながりが「何者か」にしてくれる？

第3章

アイデンティティと何者問題

第4章

恋愛・結婚と何者問題

第5章

子ども時代の何者問題

第6章 大人になってからの何者問題

補論

何者問題への処方箋

第 1 章

承認されると「何者か」になれる？

灰色の就活生たちの行く先は

私が就活に不気味さを感じるようになったのは、2010年代のはじめ頃だったと記憶しています。

前途有望な若者たちが同じようなスーツ、同じような姿勢、同じような受け答えで自己アピールする、あれが私には不気味と感じられたのです。就活生それぞれの特長・強みが期待されているはずなのに、みんなが同じような恰好をして、同じような受け答えをしているのは、本当は奇妙なことだと思いませんか。

ええ、私だってわかっているつもりです。就活は「自分らしさ」をアピールする場面ではなく、企業が求める就活生のイメージをなぞり、経団連のアンケートでも上位にくる「コミュニケーション能力」「主体性」「チャレンジ精神」などをアピールする場面だということは。

でも、そうだとすれば、これって残酷なしきたりではないでしょうか。建前としては自己アピールを求めておきながら、そこで求められているのは本当の自分などではなく、企業や社会が求めるイメージなのです。「企業や社会が求めるイメージどおりに振舞ってみせなさい」と命じるならまだわかります。しかし、実際には企業や社会が求めるイメージを忖度《そんたく》し、それを自己アピールと称して演じるよう求めているわけです。

就活を舞台にした朝井リョウのベストセラー小説『何者』(2012)でも、そうした就活をめぐる建前と現実のギャップが描かれていました。ギャップの大きな就活に臨む登場人物たちとその結末は、物語としては非常におもしろいのですが、同じような就活をやりたいと望む人はあまりいないでしょう。しかし、実際には『何者』のような就活が当たり前に行われています。

大学でのAO入試も同様です。そこで期待されているのは大学にふさわしい人物像、大学にふさわしい身のこなしや経歴です。受験者自身が「実際はどういう人間で、どう生きたいのか」は重要な問題ではありません。そもそも、そんなことは本当は誰も知りたいと思っていないのかもしれません。

今日の就活やAO入試の、あの似たりよったりな風景は、ある部分までは採用側のニーズによってつくられたものですが、ある部分からは歴代の就活生が「絶対に合格したい」と願い、そのために最適な自己アピールを探した結果としてできあがったものでもあります。そうした一人ひとりの就活生のなかには、企業や社会が求めるイメージと「実際の自分がどういう人間で、どう生きたいのか」がほとんど一致している人もいたかもしれません。ですが、そうでない大半の就活生は、合格するために必要なイメージを多かれ少なかれ演じなければなりません。

また、今では就活や入試の情報がとても充実していますから、企業や社会が求めるイメージは誰もが知っていて当たり前になってしまいました。誰もがハウツーを知るようになればなるほど、そのハウツーはできて当たり前のもの、できなければおかしなものになってしまいます。このことも、就活や入試を本来の自己アピールから遠ざけているように思います。

就職後もこうしたことはついてまわります。誰かに自己アピールしなければならないとき、あなたはまっすぐ自分を語れますか？　実際には、相手の求めに応じたり空気を読んだりしながら自己アピールを修正して、自分の本心と相手の求めるイメージの辻褄合わせに苦心することも多いのではないでしょうか。

1980～90年代にかけて、仕事選びは自分らしさの現れで、「働くことは自己実現である」と言われた時期がありました。フリーターという、定職についていない人ですら「自己実現だ」「自分らしい働き方だ」と思い込めた幸福な時代でもありました。この頃の就活は、現在よりは自己アピールと呼ぶにふさわしかったかもしれません。最近の就活しか知らない人にとっては驚きでしょうが、当時の就活の服装はバリエーションが豊かで、茶髪や金髪の就活生も珍しくありませんでした。

今、そのように仕事や就活に臨むことは困難と言わざるを得ません。仕事と「自分が何者なのか」を結びつけることが不可能になったわけではありませんが、少なくとも、1980～90年代と同じ感覚で仕事に臨むことはできないでしょう。フリーターを自己実現だとか、自分らしい働き方だとか思うことも難しくなりました。かりにそういうことを謳《うた》っている経営者がいるとしたら、「やりがい搾取」ではないかと疑いたくなります。

その一方で、「競争社会」「自己責任」とよく言われるようになり、格差も目立つようになってきました。そうした潮流のなか、受験戦争に勝つことや一流企業に入ることが

「自分が何者かになった」証、または目標だと思いこみやすくなっているかもしれません。受験や就活や仕事でアチーブメント（達成）を成し遂げ、高い社会的地位や高収入を獲得したことをもって、「自分が何者かになった」とみなすには、都合のよい時代がやってきたようにも見えます。

肩書きはどこまであなたを「何者か」にしてくれるか

ではいったい、どこまでアチーブメントすれば「自分は何者かになった」という実感が得られるのでしょう。

人はしばしば、自分から見てアチーブメントしていると感じられる人、うらやましい肩書きや立場を手に入れている人を見て「ああ、この人は立派な何者かになっているなぁ……」と思うものです。だから、他人から見て何者かになっていると思われたい人は、他人にうらやましがられそうな肩書きや立場を手に入れるのがストレートなやり方に思えます。

こうした「他人から見て何者かに見える」効果は馬鹿にはできません。たとえば「東大卒だから」「医者だから」といった肩書きのおかげで、相手が自分の話をちゃんと聞いてくれる・いっぱしの人扱いしてくれる場面はたくさんあります。もし、あなたが誰かに話をたくさん聞いてもらいたくて、話を聞いてもらうと何者かになった気分になりやすい人なら、有名大学や医学部を卒業しておくときっと有利なことでしょう。

しかし、有名大学の卒業者や医者の世界を見ていると、アチーブメントや肩書きが強い効果を発揮するのは他人に対してであって、自分自身に対しては、そうとも限らない様子が見てとれます。

たとえば東大生は、他大学の学生からは何者かになっているように見えるかもしれませんが、東大キャンパスのなかでは何者でもない、ただの「ワン・オブ・ゼム」でしかありません。東大に入るまで秀才と持てはやされ、受験勉強でアチーブメントしたつもりの学生でも、東大の内部では平凡な一人でしかないのです。東大生のなかには、正真正銘の天才っぷりを発揮する人や、たくさんの才能を兼ね備えた人もいます。そんな人々と比べて、「東大生といっても自分は何者でもない」と思ってしまう人はたくさんいることでしょう。

医者の世界もそれに似ています。他人からは望ましい肩書きに見えても、医者の世界では「ただの医者」でしかありません。出世していく医者や立派な研究成果を残す医者と自分を見比べて、「彼らに比べたら自分はたいしたことができていない」とか「何者にもなっていない」とか思っている医者はじつは結構多いのです。

東大生や医者が感じがちなこのパターンは、私は視野や人間関係の狭さのせいでもあると考えています。東大生ばかりの集団で自分を他人と見比べれば、優劣もあるでしょうし、有名になった人や目覚ましい業績をあげた人にはかなわないと思うこともあるでしょう。医者だって同じですし、他の肩書き・職業にしても同じです。選抜された集団のなかで自分よりもまぶしい人々ばかり見つめて、それに嫉妬していれば、自分が無力な、何者でもない人間と思えてくるのは当たり前のことです。

その思いこみは、まぶしい人々ばかり見つめず、選抜された集団の外側にも目を向けることで解消されるかもしれないものです。ところが選抜された集団に入った人は、その集団のなかでアチーブメントしようとするあまり、集団の外側をろくに知らないままに生きていることが多いものです。なかには自分が属した集団が世界のすべてのように思い込み、勝手に絶望している人も少なくありません。

また、肩書きがかえって邪魔になることもあります。肩書きを見て人の話を聞くか聞かないか決める人のなかには、相手の人格よりもその肩書きと話をしたがる人もいます。その場合、「東大生だからこれぐらいできるだろう」「医者だからきっとこう考えるに違いない」といった思いこみをぶつけられることも多いですが、こうした期待を一方的にぶつけられていい気持ちになる人はあまりいないでしょう。まして、「東大生だからできて当然」「医者だからやって当然」などと勝手に思われては、苦痛に感じてしまいます。

肩書きのせいでかえって自分自身を見てもらえないこの感覚は、「女子だからやって当然」「男子だからできて当然」といった言葉で嫌な思いをしたことのある人なら、簡単に想像できるのではないでしょうか。

私自身、精神科医という肩書きにはずいぶん助けられていますし、私が「自分が何者なのか」を語る際、精神科医というワードはどこかに入ってくるでしょう。肩書きは使いようによっては間違いなく助けになりますし、自分が何者なのかを語る際の構成要素として馴染んでくることもあります。ですが、肩書きが必ずあなたを助けてくれるわけではありませんし、肩書きによってかえって自分が何者なのかを見失ってしまう人もいるのです。

肩書きは、コミュニケーションの通行証や証明書になることもあれば、自分が何者なのかを形づくる大事な要素になることもあります。それでも、つきあい方を間違えれば何者問題にマイナスに働くこともあるので、どう肩書きを使いこなすのか、肩書きに振り回されないようにするのかが試されます。

「単著もないのに」と言われ、単著を書いてはみたものの

「肩書きにはこだわらないけど、たくさんの人に認められることがしたい、ビッグなことを達成したい」と望み、それを何者かになるための突破点と感じている人もいらっ

しゃるかと思います。

人がそのような夢や野心に燃え、そのために励むこと自体は素晴らしいと思います。望みどおりになるかどうかはさておき、そういう気持ちが人にモチベーションを与え、成長させるものですから。

ただ、先回りして答えを書いてしまうと、そうした大きなアチーブメントがあなたに何者かになった手ごたえを与えてくれるのは、短い時間でしかありません。

ひとつ、昔話をしましょう。十数年前、私が所属していたネットコミュニティでは、作家やプロのライターや有名ブロガーが集まり、議論に明け暮れていました。ほとんど毎日のように、ケンカのような議論のようなやりとりが繰り広げられていたのですが、ある日「単著もないやつは相手にしてやらない」と言い放った人がいました。単著とは、自分一人で書き上げて出版した書籍のことです。そのネットコミュニティは作家志望者やライター志望者や新人ブロガーも集まっている場所でしたから、その「単著もないのに」という言葉は、自分で本を書き上げたことも出版したこともないギャラリーたちの胸に突き刺さりました。

そんなギャラリーの一人だった私も、やがて自分一人で書籍を書き上げて出版するに至りました。ネットコミュニティの仲間から「もう『単著もないのに』じゃないですね！」と祝福してもらって、とてもうれしかったのをおぼえています。「よし、自分も一人前のブロガーだ」「物書きの世界に入門したぞ」などと思ったものです。

ところが、一人前のブロガーだとか物書きの世界に入門したとか、そういった感覚はじきに消えてしまったのです。私にとって最初の単著は新聞で紹介されたり海外のサミットに招待されたり、望んだ以上のチャンスを私にもたらしてくれたのですが、その高揚感や達成感は長続きしませんでした。

自分の書籍を出版すること、それが話題となることは肩書きと同じで、他人に話を聞いてもらうにはとても有効でした。うらやましがられることもありました。それにもかかわらず、「自分が何者かになった」という手ごたえがあったかという点では、期待していたほどの効果を与えてはくれなかったのです。

もちろんこれは、書籍の出版に限ったことではないでしょう。論文を書きあげる・SNSの投稿がバズる・テレビ番組に出演して話題になるなどは、人生の記念碑や名刺代わりにはなりますが、「自分自身が何者かになった」という手ごたえをずっと与えてくれるものではないらしいのです。

あとでもう少し触れますが、たくさんの人に認められたりビッグなことを達成したりして、そこが出発点となってなにかを成し遂げ続けられるなら、それが「自分が何者かである手ごたえ」に変わっていくことはあり得ます。でも、それはひとつのアチーブメントによって得られるものではありません。もっと長い時間をかけ、もっと長い道のりを経て、自分の人生に活動が定着していって得られるものです。

芸能人や歌手、作家や小説家にしても、一度だけの大ヒットや大流行そのものが「自分が何者か」に直結している人、それで完結している人はほとんどいないように見えます。大ヒットや大流行のあとも活動を続けることで、自分というものを成り立たせ、「自分が何者なのか」を自己規定しながら生きているように、私には見えます。

フォロワー数・チャンネル登録者数を稼いでなれる「何者か」とは

いまどきは、肩書きや書籍の出版ではなく、SNSのフォロワー数や動画サービスのチャンネル登録者数の方が重要と感じる人もいらっしゃるでしょう。フォロワー数やチャンネル登録者が増えるほど、自分のプロダクツが見てもらえている・認められているという手ごたえが得られます。世間でよくいわれる、「承認欲求が充たされる」というやつですね。

また現在では、アカウントのフォロワー数やチャンネル登録者数は承認欲求が充たされる以上の意味を持っています。それらの数字はアカウントの影響力がどれぐらいで、それをいくらぐらいに換金できるのか、どれぐらいの生産性を持っているのかを具体的に示す指標でもあります。「フォロワー数やチャンネル登録者数は実利に結びついている」と言い換えてもいいかもしれません。

しかし影響力や実利に結びついているからこそ、SNSや動画配信のアカウントは「自分自身を表現するもの」にはなりません。特殊な例外を除いて、いや、まず例外なく、アカウントに人が集まれば集まるほど、そのアカウントは視聴者に期待される「キャラクター」へ、自分自身を編集し、切り貼りした「コンテンツ」へと変わっていきます。自分が言いたいことをぐっと堪えなければならなくなり、フォロワーや視聴者が期待していることを言わなければならなくなっていくのです。

そうなったら、人気を獲得したアカウントやチャンネルは「自分が何者かであること」を教えてくれるツールというより、「自分とは違った演技をしなければならない仮面」、時には「ピエロの仮面」と感じられることすらあり得ます。一度身に付け、それに頼ってしまったキャラクターや仮面は、なかなか手放せるものではありません。実利や生活が絡んでいればなおさらでしょう。

見方によっては、「その仮面こそがあなたで、何者かになった姿だ」と言うこともできるでしょう。しかし、この本ではそのような見方は採用しません。少なくとも、自分の意のままにならず、自分が言いたいことも言えない仮面が顔からとれなくなったとき、それで「自分が何者かになった」と納得できるとは、私には思えないのです。

これは、肩書きの問題とも似ています。あなたのつくったアカウントやチャンネルがどんなに人気になっても、表現やキャラクターが独り歩きし、自分自身がちゃんと見てもらえていないと感じるようになれば、かえってアカウントやチャンネルが重荷になったり、自分が何者なのかがわからなくなる可能性があります。

演じられ、人気者になっているキャラクターと、あなた自身とのギャップに気づいてくれるフォロワーやチャンネル登録者は、あまりいません。むしろ、そのギャップを見たくないと思っている人の方が多いかもしれません。フォロワー数やチャンネル登録者数を稼ぎ続け、長く健全に活動を続けるためには、キャラクターの人気を獲得することと、自分自身を見失わないこととの辻褄合わせが重要になってきます。

チヤホヤされているうちは悩まない

誤解を避けたいので断っておくと、私は「肩書きを得てはいけない」とか、「アチーブメントを望んではいけない」とか、「SNSアカウントや動画配信で人気を集めてはいけない」などと言いたいわけではありません。

肩書きが欲しい・なにかを達成したいといった願いは、大切なモチベーションです。そういう気持ちがあるから勉強ができる、努力できるという人も少なくないでしょう。SNSや動画配信で人気を集めるのも、人気を集めたいと思うからこそ洗練され、上達していく部分があるわけですから、否定的に考え過ぎるのも考えものです。

ただここまで書いてきたように、ともすればそれらは他人に対して見せる「客観的な何者か」の足しにはなっても、自分自身が納得できる「主観的な何者か」の足しになってくれるとは限りません(図1)。繰り返しになりますが、なかには肩書きや人気を得るなかで、自分が何者なのかを見失ってしまう人さえいるのです。

厄介なことに、肩書きを得てチヤホヤされたり、スポットライトを浴びてたくさんの人に注目されたりしている最中には、人は何者問題を忘れがちです。チヤホヤされたり、スポットライトを浴びている瞬間は、まるで麻薬のようですよね。その瞬間は快感をおぼえ、悩みも忘れられるので、「もっともっと」と流されてしまう人もいます。「豚もおだてりゃ木に登る」ということわざがありますが、実際、チヤホヤされて舞い上がっている人間は、普段はやらないようなことまで平気でやってしまうものです。それがエスカレートしたあげく、ネット炎上した人や、犯罪行為を犯して逮捕された人、破産してしまった人を、皆さんも見聞きしたことがあるのではないでしょうか。

「チヤホヤされているときは、自分が何者かを忘れていられる」点には、どうかお気をつけください。自分が何者でもないと悩んでいる人、とくに若い人が、チヤホヤされたりスポットライトを浴びたりして快感を覚え、悩みを忘れてしまった結果、「これこそが解決策」と早合点をしてしまうことがあります。

しかし、これはホストクラブやキャバクラの効能に似ていて、瞬間的に「自分が何者でもない」という感覚を棚上げできても、長期的な解決に結びつくものではありませ

図1「客観的何者か」と「主観的何者か」の乖離

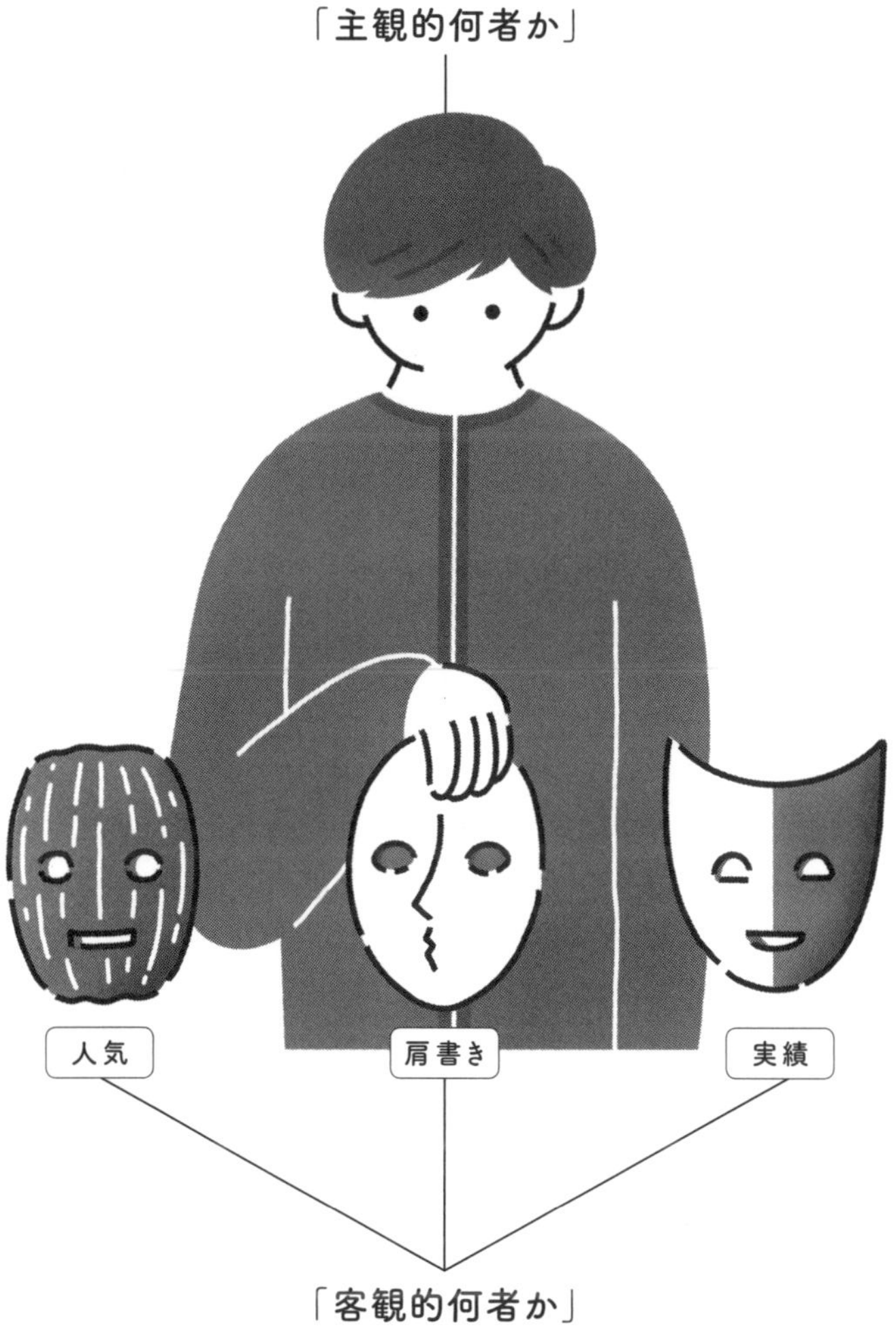

ん。チヤホヤされている状況が一段落した瞬間、その夢は醒めてしまいます。醒めてしまうからこそ、もっとチヤホヤされたい・スポットライトを浴びたいと求めてしまうようなら要注意です。あなたも「豚もおだてりゃ木に登る」をやってしまうかもしれませんよ?

SNSやブログや動画配信などでありがちなのは、チヤホヤされるためにだんだん表現が過激になったり、自分のプライベートを切り売りしたり、自分が元々したかったことよりフォロワーやチャンネル登録者が喜びそうなことを優先させたりしてしまうパターンです。炎上しやすくなるのはもちろん、自分が演じていることと自分自身とのギャップが大きくなり、自分が何者なのかを見失ってしまう可能性も高まります。

他人から褒められたり、世間から評価されたりすること自体はうれしいことですし、それを喜んではいけない道理はありません。ただ、舞い上がっている瞬間のうれしさを、「自分が何者かになった証」だと判断するのはちょっと危なくて、うれしさにほだされて自分を見失わないよう注意が必要だと私は思います。

あんなに目立ったあの人は今

　このように、いわゆる「承認欲求をどんどん充たそう」という方向性では、自分が何者かになったと実感し続けるのは難しい、という認識を私は持っています。そういったモチベーションが身を助け、有名人になったり、お金持ちになったりする人もいますが、そういう人々ですら、過去のアチーブメントや肩書きだけで自分というものが完結しているようにはまったく見えません。

　もしあなたが肩書きやアチーブメントにたどりつき、たくさんの人々から称賛や注目を集めたとしても、その栄光の瞬間に人生が終了するわけではありません。一躍、有名人や人気者になったとして、その有名や人気をいつまでも保っていなければならないとしたら、名声や人気とは地獄の片道切符と言わざるを得ないでしょう。でも、実際はそうでもありません。過去に立派な肩書きやアチーブメントにたどり着き、絶頂を極めたあとでも自分の人生をちゃんと生きている人もたくさんいます。

インターネット上で名を馳せた人々や、仕事の世界で業績をあげた人も同様です。リタイアしたあとに自分が空っぽになってしまったと感じて心身を持ち崩す人がいないわけではありませんが、知名度が落ち着いたあとも自分の活動を続ける人、リタイアしたあとも悠々自適の生活を送っている人を、私はたくさん知っています。他人から見ていちばん盛りの時期を過ぎても自分の人生を生きている人、肩書きから降りても迷わない人々には、自分を見失っている兆候が見当たりません。

本章では、「何者かになりたい」と望む人がしばしば解決策として求めがちな、肩書きやアチーブメントや名声・人気といったものについて述べました。繰り返しになりますが、私はあなたにそれらを求めるなと言いたいわけではありません。それらを求め、飛躍すること自体は素晴らしいと思っています。

ただ、それらを手に入れても「自分が何者かになった」と実感できるとは限りませんし、やり方次第では、かえって自分がわからなくなってしまうかもしれません。肩書きやアチーブメントや人気は、上手に用いれば公私両面であなたを助けてくれますし、他人はそれらを見てあなたが何者なのかを勝手にあれこれ言うでしょう。でも、そういう他人目線に心奪われ、「それらがあれば、自分は何者かになれる」と信じ込み過ぎるのは危険です。

世の中には、もっと平凡に生きて幸せに暮らしている人、「何者かになりたい」と望むまでもなくなっている人が大勢いるのですから。

第 2 章

つながりが「何者か」にしてくれる？

バーベキューの輪にとけこむと、何者問題が気にならなくなる？

新型コロナウイルスが流行したことで、たくさんの人が集まり、大声でしゃべりながら飲食する機会は激減してしまいました。もしあなたがインドア派で飲み会や同窓会を嫌うタイプだったら、こうした状況は望むところだったでしょう。しかし、生物としての人間は、一般的には寄り集まって語りたがり、一緒に飲み食いしたがり、楽しみを共有したがる生き物だったはずです。

よく晴れた週末の河川敷やキャンプ場では、大勢が集まってバーベキューなどをしているのが日常の風景でした。みんなで飲み食いして、みんなで語る。打ち解けたバーベキューに参加したことのある人ならわかると思うのですが、バーベキューの輪に打ち解けているときには「自分が何者か」なんて考える必要がありません。そういうことを考えてしまうのは、うまくバーベキューの輪のなかに入れずに隅っこで肉をつついているときか、独りぼっちのときでしょう。

　だから、「自分が何者かわからない」「何者かになりたい」と考える人は、新型コロナウイルスの流行が収まったら、河川敷で打ち解けたバーベキューをしてみてはいかがでしょうか。……いや、すいません、これは半分冗談です。ですが、打ち解けた輪のなかに入っている人々がどういう心理状態なのかについて、真面目に考えていただく価値はあると思うのです。輪のなかにいる人には、いったいなにが起こっているのでしょうか。

「バーベキューは社交性のある人がやるものだ、社交性のない自分には関係ない」とおっしゃる人もいるかもしれません。しかしインターネットがもっと陰気で、社交性の乏しい人々が目立っていた頃を思い出す限り、社交性の高低はあまり関係ないように思います。というのも、インターネットのオフ会、それこそ「モテない男性が集まってモテない談義をする会」のような場所ですら、集まりに打ち解けていたメンバーは、バーベキューに集う人々と同じように楽しんでいたからです。

　バーベキューにしろ、オフ会にしろ、集まりに打ち解けているとき、私たちは自分が何者かなんて悩みません。そういった集まりが盛り上がっているときには「自分」という意識が薄まり、「集まっている自分たち」「おれら・わたしら」といった意識が強くなります。

もちろん、たとえば一期一会なオフ会が盛り上がったあとの帰り道に自分という意識がよみがえり、「さっきまで盛り上がっていた自分はいったい何だったのか」「やっぱり自分が何者かわからないじゃないか」とがっかりすることはあるでしょう。ですが、お互いをよく知っている者同士の集まりが定期的に行われ、間柄が安定している場合には、自宅に帰ってもなお「集まっていた自分たち」「おれら・わたしら」といった意識は残ります。

こうした、自分という意識が薄まって「自分が何者か」をあまり考えなくなる現象を意識しながら、第2章に入っていきたいと思います。

SNS時代は、いつでもどこでも「おれら・わたしら」でいられる

盛り上がったバーベキューのような集まりにとけこんでいるとき、私たちは「何者か

になりたい」という願いからも「自分は何者でもない」という悩みからも遠ざかります。少なくとも、一人で考え事をしているときに比べれば遠ざかると言えるでしょう。

このことから「何者かになりたい人は永遠に河川敷でバーベキューしていればいい」と主張したいわけではありません。それでも、何人かで集まって話題や飲食を共有している瞬間や、自分よりも「集まっている自分たち」や「おれら・わたしら」が意識として強まる、あの瞬間の効き目を意識しないわけにいきません。

SNSのようなオンライン空間でも、バーベキューに近い状況は起こり得ます。たとえばお気に入りのインフルエンサーがなにかを言っていて、自分がそれに「いいね」をつけて「シェア」をして、自分に近い考え方の他の人々もどんどん「いいね」や「シェア」をしている瞬間、「自分が何者か」を考える意識よりも、インフルエンサーやそれに続く人々と自分がつながっている意識のほうが強まりませんか?

現在のSNSでは、本当は独りぼっちだったとしても、インフルエンサーを一方的にフォローしているだけで「集まっている自分たち」や「おれら・わたしら」を実感することができます。たとえインフルエンサーから何の返答もなかったとしても、みんなと一緒に「いいね」や「シェア」をしていれば、みんなと近しい間柄のような意識になれるのです。

これって、考えてみれば凄い発明ですよね。クソリプをまき散らしてみんなにブロックされるような人でない限り、誰でも誰かと一緒にいられる、少なくともその意識というか、錯覚のようなものを得られるのですから。そういう意味では、「いいね」や「シェア」を通じてつながっている人々には、孤独という状態が原則あり得ないとも言えるでしょう。


とはいえ、SNSにも限界はあります。さきほど「近しい間柄のような意識」と書いたように、いくら「いいね」や「シェア」で近しい間柄を錯覚できたとしても、それは意識のうえでのことで、現実にインフルエンサーや他のフォロワーたちと親しい間柄になるわけではありません。

また、顔も合わせないSNS上だけのつながりはつながりやすく切れやすいところもあり、数分も経てば「集まっている自分たち」や「おれら・わたしら」の意識が消えてしまいます。もし、SNSをとおして「集まっている自分たち」や「おれら・わたしら」を意識し続けたければ、頻繁にSNSを覗いて、頻繁に「いいね」や「シェア」をしなければならないでしょう。

あなたが勤勉で、時間の効率を大切にしたい人だったら、「そんなことはしていられない、もっと有意義に時間を使うべきだ」と考えることでしょう。ところがSNSを眺めていると、びっくりするほど頻繁に「いいね」や「シェア」をつけている人がいます。最近は、不良や暴走族が街でたむろしている姿などはなかなか見かけなくなり、新型コロナウイルスが広まってからはますます人の集まりを見かけにくくなりました。その一方でSNSに目を向ければ、同じ趣味、同じ党派性、同じ境遇でさまざまな人が集まりをつくり、頻繁に「いいね」や「シェア」を取り交わしているのが見てとれます。

インターネットが普及する前、こうした「集まっている自分たち」や「おれら・わたしら」を実感するためには仲間が集まっている場所に実際に脚を運ばなければなりませんでした。たとえばライブハウス、居酒屋、ゲームセンター、バーベキューといった具合に。また不良や暴走族といった集団が今よりずっとたくさんあり、彼らは「集まっている自分たち」や「おれら・わたしら」を非常に大切にしてもいました。とはいえ当時はSNSがなかったので、一人ひとりが孤独に過ごす時間も案外長かったのです。

その頃に比べると、私たちはいつでもどこでも簡単につながりやすく、「集まっている自分たち」や「おれら・わたしら」がインスタントになった世の中を生きていると言えます。これほどつながりやすい時代になったからこそ、SNSの口コミで映画が国民的ヒットとなったり、インフルエンサーが影響力を誇示したりするようになったのでしょう。

表向き、令和時代は昭和時代よりも個人が重視され、個人主義的であることが望ましいといわれています。しかし、その一方でSNSなどをとおして「集まっている自分たち」や「おれら・わたしら」をインスタントに実現できてしまうこの時代は、「自分」という意識や「自分は何者か」という意識から気が逸れやすい時代でもあると、私は考えています。自室でPCと向き合っているときや電車でスマホをいじっているときの私たちは、見た目のうえではスタンドアロンな個人らしく見えますが、それは見かけ上のことで、打ち解けたバーベキューのときに近い心持ちでいるのではないでしょうか。

オンラインにつながりっぱなしの功罪

このSNSに加え、現在のインターネットには有名人のファンクラブめいたネットメディアや、インフルエンサーのオンラインサロンがあちこちに開設され、たくさんの「集まっている自分たち」や「おれら・わたしら」をつくり上げています。それらの集まりに参加すれば、孤独だった人も孤独ではなくなりますし、そこで情報を得たり、仲間を得たりすることもあります。自分が何者かわからない人や、自分のことを振り返りたくない人も、そうした集まりに頻繁にアクセスしているうちは、あまり悩まずに済みます。

ただ、これはいいことばかりでもありません。

たとえば、オンラインサロンは基本的に千客万来で、孤独な人や自分のことを振り返りたくない人を拒んだりはしません。逆に、そのような人こそオンラインサロンに魅力や可能性を感じることもあるでしょう。魅力的な話をするインフルエンサーを取り囲み、似た考えの人が寄り集まれば孤独ではなくなりますし、インフルエンサーの意見に耳を傾け、他のフォロワーたちと同調しているうちは何者問題を意識しなくてすみます。

そのかわり、オンラインサロンはそうした心理的なメリットの代償としてお金や時間を支払わせ、時にはインフルエンサーの思惑どおりに行動することを暗に期待したりもします。また、オンラインサロンから脱会した人の話を聞く限りでは、そこに夢中になっているうちは自分自身の問題を棚上げできる反面、脱会したあとに残るものが乏しいこともしばしばあるようです。

お金や時間を消費し、いったん自分自身の問題を棚上げできたとしても、あとに何も残らない。この点から、オンラインサロンの効能はホストクラブやキャバクラの効能とあまり変わらない、と言わざるを得ません。むしろ、インフルエンサーにそそのかされ、インフルエンサーやその周辺から「いいね」や「シェア」をもらいたいばかりに無益な活動に突き進んだり、SNS上で危なっかしい投稿をしてしまったりする可能性まで考えると、実質的な損失やリスクはもっと高いとも言えます。

インターネットが普及する以前は、こうした代償の多いタイプの「集まっている自分たち」や「おれら・わたしら」の場としてポピュラーだったのは、政治勧誘や宗教勧誘でした。たとえばオウム真理教はさまざまな場所で勧誘を行い、入信者のお金や時間を搾り取り、反社会的な活動までさせていました。最近は反社会的な活動をする団体はあまり見かけなくなりましたが、この手のリスクの入り口として、現在ではオンラインサロンのほうがずっと間近です。

また、「オンラインサロンにさえ入会しなければ大丈夫」というわけでもありません。たとえば現在のツイッターでは、政治にせよ、思想信条にせよ、趣味やライフスタイルにせよ、価値観の近い者同士がつながりあい、価値観の遠い者同士が対立する状況があちこちにできています。そうしたつながりと対立のなかには、たくさんのフォロワーを率いるインフルエンサーも交じっています。オンラインサロンのようなお金の吸い上げ方はされないとしても、彼らに魅了されているうちに「ツイッター廃人」になってしまう人も少なくありません。

ツイッター廃人になってしまった人は、そういった「集まっている自分たち」や「おれら・わたしら」の感覚に病みつきになって、「もっと自分も発言して、仲間たちと肩を並べたい」「もっと『いいね』や『シェア』をもらいたい」と欲張りになってしまいがちです。そうした欲望の影響は、一カ月や一年では大したことはないかもしれません。しかし何年もその欲望にさらされるうちに、だんだん過激な発言をするように変わっていった人を、私はたくさん目撃してきました。

最近のメディアでは、「ネトウヨ」と呼ばれる、インターネット上で愛国的かつ排外的な発言を繰り返す人がしばしば問題視されています。このネトウヨにしても、その参加者と見られるアカウントのなかで、「政治運動をやろう」「正しい思想を広めよう」と真剣に考えているのは、ほんの一部ではないでしょうか。もっと単純に「集まっている自分たち」や「おれら・わたしら」の感覚に病みつきになること、自分の問題を棚上げし、自分が何者であるかを不問にできるということ、ただそれだけのために、人はネトウヨにもその正反対にもなり得るのではないでしょうか。

そしてネトウヨに関する限り、その間口はあまりに広く、あまりに簡単です。なぜなら日本人である限り、誰だって「集まっている自分たち」や「おれら・わたしら」を実感し、「いいね」や「シェア」を共有する輪に参加できるからです。

上昇志向な個人も、群れるメリットは受け取れる

ここまで読んで、「『集まっている自分たち』や『おれら・わたしら』といった感覚はロクでもない」「自分の問題を棚上げする人が病みつきになるもの・現実逃避的にあてにするものだ」と思った方もいらっしゃることでしょう。

確かに、そういう人が多いのも事実です。しかし、自分の問題に向き合っている人や地に足のついている人でも、「集まっている自分たち」や「おれら・わたしら」の感覚の恩恵を受けている人、これから自分が何者かになっていく下地としてそれを活用している人もたくさんいます。

たとえば個人主義的な、「自分のことは自分でやらなければいけない」と考えている若者が、ある大学・ある勉強会のメンバーに加わり、そこで勉強をしている場合を考えてみてください。そこに参加しているメンバーがみんな個人主義的で、起業をしたり

キャリアアップを志したりしていれば、その若者はまわりのメンバーの影響を受け、ますます起業やキャリアアップに努めようとするでしょう。

この場合、メンバーの一人ひとりは個人主義的ですが、そういうメンバーが集まれば「集まっている自分たち」や「おれら・わたしら」が生まれるわけで、そこにバーベキューに近い効果が伴うことはあり得ます。そのような集まりに首尾よく馴染んだ若者は、「自分が何者か」について深刻に悩まずに済むと同時に、考え方やライフスタイルの近いメンバーたちから多くの刺激を得て、時にはお互いをライバルとして切磋琢磨していけるでしょう。

これは進学校の学生にも言えることです。進学校に入学した学生は、それぞれ個人として受験勉強を戦っていますが、クラスメイトに馴染み、「集まっている自分たち」や「おれら・わたしら」を体感できれば何者問題に悩まされずに済みますし、そうしている間に友達と協力したり、ライバルと成績を競ったりもできます。

受験勉強のような、やり遂げるのが大変で、それ自体は「自分が何者か」を教えてくれない課題に挑戦するにあたって、「集まっている自分たち」や「おれら・わたしら」

の感覚の重要性はとても無視できるものではありません。孤独のまま勉強するのと、友達やライバルと一緒に勉強するのでは、モチベーションも何者問題に悩まされる度合いも違います。時に、大学浪人した人が予備校に通う理由として「自分一人だけでは勉強ができないから」「勉強する仲間やライバルがいる環境の方が勉強しやすいから」といった点を挙げる人がいますが、私も同感です。私は一人で勉強して成功した人も知っていますが、一人で勉強しようとして失敗した人をもっとたくさん知っています。

加えて、ほとんどの学校や予備校には複数の仲間集団の選択肢があります。進学校にも受験勉強に前向きではない仲間集団ができあがり、そのおかげでなんとか停学や退学にならなくて済む人もいます。「そういう前向きではない仲間集団はよくない」と言う人もいるでしょうが、社会のルールからはみ出さない限り、基本的には失うものより得るものの方が多いのではないかと私は考えています。少なくとも、悪質なインフルエンサーが主催するオンラインサロンなどより、よほどいいでしょう。

安定した地元民と自由な根なし草

「集まっている自分たち」や「おれら・わたしら」の恩恵は、進学していく人だけが得るものではありません。むしろ、大学などに進学しない人の方が、その恩恵を受けていることは多いかもしれません。

生まれ育った地元からあまり離れずに進学・就職する人の場合は、そうした「集まっている自分たち」や「おれら・わたしら」が地元の人間関係に結びつきます。小中学校から同じ仲間とつきあい続け、自分がその街のメンバーの一員だとはっきり自覚できる人は、オンラインサロンやSNSがなくても「集まっている自分たち」や「おれら・わたしら」が体感できます。そのような人間関係に打ち解けている人にとっては、日常生活も地元のイベントもすべてがバーベキューのようなものです。

転居する人が今よりずっと少なかった時代には、誰もが当たり前のように街のメンバーの一員になり、地元の人間関係のうちに「集まっている自分たち」や「おれら・わたしら」を実感していました。

ただし、いつの時代にも地元が気に入らない人・どうしても地元に打ち解けられない人がいるものです。そういう人にとって、地元はむしろ自分が「何者でもない」透明人間のように感じずにはいられない場所です。さきほど私は「日常生活も地元のイベントもすべてがバーベキューのようなもの」と書きましたが、それは地元に打ち解けられない人にとっても同じです。その場合、地元にいる限りいつまでも「バーベキューの隅っこで肉をつついている状態」が続くわけで、否が応でも「自分はいったい何者なのか」を考え込まずにいられなくなります。

このような「地元では自分は何者でもないと感じる」人にとって、進学や就職で東京に（または最寄りの大都市に）引っ越すことは救いになり得ます。とはいえ、それだけではバーベキューの隅っこで肉をつついている状態から解放されたに過ぎず、新天地で「地元」という要素なしで頑張っていかなければなりません。あるいは新天地によく馴染み、自分にとっての「新しい地元」「新しいホームグラウンド」と言える居場所を見つけていく必要があります。

もう少し具体的に言えば、新天地での仕事や職場がホームグラウンドになっていく人、家族やパートナーや新しい人間関係が「集まっている自分たち」や「おれら・わたしら」になっていく人などがよくあるパターンです。自分にとっての地元、ホームグラウンドと呼べる居場所を見つけると、そこに縛られて不自由になる部分もありますが、そのかわりに何者問題に悩むことは少なくなり、また、その場所が「自分が何者であるかを構成する大切な要素のひとつ」ともなります。

何者問題について考えるうえで、自分にとって地元と呼べる場所やホームグラウンドと呼べる居場所があるか否か、持てるのか否かは重要な問題です。この点で言えば、生まれながらに地元を愛している人、小中学校から同じ仲間とつきあい続けて満足している人は、大きなアドバンテージを持っていると言えます。

オンラインとオフラインが混じり合う今を活かす

こうした、自分が打ち解けられる「集まっている自分たち」や「おれら・わたしら」が持てるかどうかは、インターネットもなければ公共交通機関も発達していなかった頃は切実な問題でした。生まれながらの地元に馴染めない人はイチかバチかで上京するしかなく、実際そのようにした人も多かったでしょう。

もちろん現在でもそうした問題が完璧に解消されたわけではありません。それでも、コロナ禍によってますますはっきりしたように、いまどきの「集まっている自分たち」や「おれら・わたしら」という感覚は、昔ほどには物理的な距離の制約に縛られなくなってきています。SNSやLINE、ZOOMをとおして私たちはいつでも・どこでもつながれるようになり、たとえば山奥や離島に住んでいても、似たような趣味の者同士、似たような考え方の者同士で寄り集まることができます。最近はゲーム機やゲームアプリもつながりのツールのひとつになりました。近頃の小中学生は昔ほど街で遊びまわらなくなりましたが、そのぶんオンライン空間で一緒に遊ぶことをよく知っているように見えます。

同じく、かつては不良がゲームセンターやコンビニの駐車場などにたむろしていたのに代わって、もはや不良にはなれない、だからといって学生や社会人のマジョリティにも馴染めない人々が、特定のサイトやSNSにたむろしているのを見かけるようになりました。

1990年代に私がインターネットをはじめた頃は、地元では絶対に理解者がいないような趣味や価値観をオンライン空間で共有できることが驚きで、私はたちまちインターネットの虜になりました。しかし今、そのことに驚く人はあまりいません。誰もが日常的にオンラインでつながり、「いいね」や「シェア」などを駆使して「集まっている自分たち」や「おれら・わたしら」を形づくっています。これは、とても恵まれていることだと私は思いますし、令和に「何者かになりたい」と願う人には避けて通りづらい課題ではないかとも思います。

ただ、そうしたオンライン化した「集まっている自分たち」や「おれら・わたしら」の多くは、オフラインのイベントや場所と密接に結びつきながら成立していたりもします。たとえば『君の名は。』や『鬼滅の刃』が映画館で大ヒットしたとき、それらの作品のファンになった人によって「集まっている自分たち」や「おれら・わたしら」の大集団がインターネット上にできあがりました。でもこれは、映画館というオフラインの場所にたくさんの人が足を運んだからこそできあがったもので、オンラインだけで完結していたわけではありませんでした。イベントスペースやライブハウスのように、オンラインでは完全に置き換えられない、むしろオンラインのコミュニケーションとの違いが際立つ場所はまだまだ残っていますし、オフラインでなければ語りあえない話題もたくさんあります。

いずれにせよ、オンラインとオフラインのコミュニケーションが組み合わさって、今どきの「集まっている自分たち」や「おれら・わたしら」が形づくられているわけですから、ひと昔前の「現実vs.VR（バーチャルリアリティー）」といった考え方は、令和のコミュニケーションには当てはまりません。現に私たちはオンラインとオフラインが地続きになったなかで生活し、寄り集まり、「集まっている自分たち」や「おれら・わたしら」の一員になっていると感じていて、その選択肢は昔よりもずっと豊富です。

地元にとけこめない人は、地元ではないどこかの誰かと群れ集うことができます。周りに理解者がいない趣味や価値観の持ち主でも、オンラインのどこかにそれを見つけられるでしょう。そうした、「集まっている自分たち」や「おれら・わたしら」にオルタナティブな選択肢がある現状は、多くの人の救いになっているはずです。そしてオンラインで寄り集まるからといって、それを「現実逃避」とみなす必要もありません。そうした寄り集まりの多くは、オフラインとも地続きなのですから。

あなたに「何者か」を与えてくれるのは誰か

第1章で解説した、他人から認められる・承認されることをとおして自分が何者かになったと感じるメソッドもそうですし、ここで紹介した「集まっている自分たち」や「おれら・わたしら」もそうですが、結局、私たちが「何者かになりたい」と願ったり「自分は何者でもない」と悩んだりするとき、その解決または棚上げは自分独りだけでできるものではありません。なんらかの形で他者の存在が必要になります。

たくさんの人から注目され、承認欲求が充たされる状況で「自分が何者かになった」と思える場合も、ホストクラブやキャバクラのような状況でこの問題を一時的に忘れている場合も、他人の存在が必要でした。「集まっている自分たち」や「おれら・わたしら」にしてもそうですね。一時的にインフルエンサーの取り巻きになっている場合も、うまくとけこめた地元の仲間関係のように長く続く場合も、他人と寄り集まった感覚や他人と一緒にいる感覚が必要な条件でした。

今の世の中は、他人から認められ、それで自分を成長させ、何者かになっていこうと頑張りたい人にも、趣味や価値観が近い人同士で集まりたい人にも、自分にとって地元やホームグラウンドと言える居場所を探したい人にも、多様な選択肢、自由な可能性が開けています。少なくとも、昭和時代に比べれば選択肢と可能性はさまざまだと言えるでしょう。大都市圏で暮らしている人なら、オンラインとつながったさまざまなオフラインの場にアクセスするのも難しくありません。

それだけに、「自分がどこでどうやって『何者かになりたい』という気持ちと折り合いをつけていくのか」、または「その気持ちをどう活かしていくのか」が個人に問われるところであり、工夫すべき点でもあります。

例を挙げると、「何者かになりたい」気持ちを解決するためにホストクラブやキャバクラに通い詰める人と、その気持ちをモチベーションとして技能や経験を積み重ねていける人では、同じ解決でもあとに残るものはまったく異なります。あとに残るものが異なれば、「何者かになりたい」という気持ちと折り合いをつけるための難易度ものちのち変わってくるでしょうし、収入や社会的地位にも影響があるかもしれません。

「集まっている自分たち」や「おれら・わたしら」をたくさんの人と共有する場合も同様です。お金や時間をいたずらに搾取される場所で「いいね」や「リツイート」を付け合うばかりの人と、仲間意識やライバル意識を持ちながら切磋琢磨していける人では、気持ちの折り合いをつける点では同じでも、成長の余地はまったく異なります。

自由な選択が認められる社会だからこそ、その選択がうまくない人につけこんで利用しようとする人や集団が暗躍するのは必然です。またそんな社会だからこそ、あなたが「何者かである」と実感できる手ごたえを本当に与えてくれる人や対象をどこまで見極められるのか、「集まっている自分たち」や「おれら・わたしら」を共有でき、長くつきあっていける望ましい集団を見つけたときに、ちゃんとそれを掴んでいられるのかが問われるところなのだと思います。

第3章では、何者問題について、「アイデンティティ」という心理学用語をまじえながら、もう少し詳細に分析してみたいと思います。

第 3 章

アイデンティティと何者問題

「何者かになりたい」とは「アイデンティティを獲得したい」のことである

第1章では自分自身が肩書きやアチーブメントによって何者かになる方法について、第2章ではつながりや人間関係をとおして自分が何者かになる方法について、いまどきの状況や問題点について書きました。心理学用語で言い換えるなら、第1章は「承認欲求」をモチベーションとした何者問題へのアプローチ、第2章は「所属欲求」をモチベーションとした何者問題へのアプローチとも言い換えられます。

それぞれに固有のリスクはありますが、どちらも自分自身の技能や人間関係を広げるためのモチベーションとしては貴重なので、「どう遠ざけるのか」を考えるより「どう活かすのか」が問われるところではないかと思います。

この第3章では、そうした「何者かになりたい」気持ちを活かすための方法についてて、もう少し込み入った話をしていきます。その前に「何者かになりたい」という気持ちが心理学でいう「アイデンティティ」という言葉とどんな関係を持っているのか、少し説明させてください。

実は「何者かになりたい」という気持ちを心理学の言葉で言い換えると**「アイデンティティを獲得したい」**とほとんどイコールになります。こう聞いて、あなたはピンとくるでしょうか。

「アイデンティティ」という言葉はわりと世の中に出回っているので、聞いたことのある人は多いのではないかと思います。けれども、いざ他人に説明しようとすると、言葉に詰まる、わかっているつもりでわかりきっていない言葉ではないかとも思います。

アイデンティティとは、アメリカで活躍したE・エリクソンという心理学者が有名にした言葉で、心理学の専門書ではかなり難しい言葉で説明されています。しかし、そのいちばん肝心なニュアンスを簡単な言葉で言い換えれば、そこまで理解が難しいものではありません。

この本では、**アイデンティティとは「自分はこういう人間である」という自分自身のイメージを構成する、一つひとつの要素のこと**だと思ってください。

たとえば、「ひとつの企業に20年以上勤めていて、家庭もあって、趣味は登山とスキーで、こだわりの食べ物は自作の蕎麦」という男性がいたとしましょう（図2）。この男性が企業や家族をごく当たり前のように受け入れているなら、企業や家族といった集まりは「集まっている自分たち」や「おれら・わたしら」を実感できるものであると同時に、自分自身の構成要素の一部、または自分自身をイメージする際に必要不可欠な一部とみなされるでしょう。登山やスキーや自作の蕎麦も、趣味や嗜好という点で彼自身の構成要素の一部で、彼が「自分がどんな人間か」をイメージし、「自分が何者なのか」を考える際にきっと数えられるはずです。

一緒に暮らしている家族の一人ひとりや昔からの親友も、彼にとって自分自身のイメージを構成する不可欠な一部と言えるかもしれません。「かけがえのない居場所」も自分自身のイメージの一部として重要ですね。持ち物でも、たとえば自慢の愛車、大事に使っているロッキングチェア、ひいきにしているビールの銘柄なども、自分自身のイメージを構成する要素の一部として不自然ではありません。

この考え方でいくなら、現在のあなたにもアイデンティティと呼べるもの、少なくとも今の段階でアイデンティティと呼んでおかしくないものがあるはずです。

図2 ある男性のアイデンティティ構成図

「集まっている自分たち」「おれら」を実感させてくれる会社や家庭は、
自分自身の構成要素であり、
自分自身をイメージする際に不可欠な一部となっている。
趣味の活動、好物なども自分自身の構成要素となる。

学生を例に出すなら、それは自分が通っている学校かもしれませんし、長続きしているバイト先とそこのメンバーかもしれません。特定の音楽グループや作家がそれだという人もいるでしょう。つきあっているパートナーを挙げる人だっているでしょう（図3）。学校やバイト先はいずれ離れるものですし、ひいきの音楽グループや作家が変わっていくこともよくあるわけですから、アイデンティティ＝不変というわけではありません。とはいえ自分自身を構成する一つひとつの要素と呼べる程度には、気に入っていたり、しっくり来るものと感じている期間は長いでしょう。

たとえば、あなたがある洋食屋のカレーを食べて感動し、「これからこの洋食屋に通おう」と思った時点では、そのカレーも洋食屋もまだアイデンティティの一部とは言えません。でも、洋食屋に通い続け、「一週間に一度は食べないと気が済まない」と思う頃には、その洋食屋もカレーもあなたのアイデンティティの一部です。仕事やバイト先だって同じです。それらをはじめた段階では、仕事やバイト先はアイデンティティとは呼べない、むしろ自分にとって違和感だらけのものでしょう。しかし業務に慣れ、職場の人達ともうまくつきあっていけるようになり、「ここが自分の職場だな」と感じる頃

図3 ある男子学生のアイデンティティ構成図

思春期でも、ある程度長続きしているもので、自分自身をイメージする際に
不可欠な一部となっているものは、当座のアイデンティティとは言える。
ただし、思春期はアイデンティティを取捨選択する時期なので、
このうちいくつかは自分自身の構成要素ではなくなり、
他のものと入れ替えられていく。

には、それらはアイデンティティの一部に変わってきている、と言えます。

この章のはじめに、私は「『何者かになりたい』と『アイデンティティを獲得したい』はほとんどイコールだ」と書きました。実際、「何者かになりたい」と願っている人からくわしくお話を聴くと、その内実は**「まだ手に入れていないアイデンティティが欲しい」「アイデンティティの一部と言えるような肩書きやアチーブメントが欲しい」**であることがほとんどです。それと同時に、「自分は何者でもない」と悩んでいる人は、**「アイデンティティと言えるものが足りない状態」**であることが多いです。家庭も学校も職場も自分のアイデンティティの一部とは到底言えない状態だったり、趣味や交友関係といったアイデンティティの一部になりそうな他の要素も充実していなかったりするのです。

「何者かになりたい」の深刻さと難易度は人それぞれ

以上から、「何者かになりたい」と願う人の解決策をワンフレーズで言い切ってしまうと、**「アイデンティティと呼べるものを獲得しなさい」**となります。「『自分はこういう人間である』と言えるもの、自分自身のイメージを形づくる構成要素になりそうなものをとにかく手に入れていきましょう」と言い換えることもできます。

しかし、この「とにかく手に入れる」が大きな問題だったりします。アイデンティティと呼べるものを手に入れるのがうまい人もいれば下手な人もいて、年齢や立場によっても手に入れやすさが違ってくるからです。

たとえば、勉強もスポーツもできて人気もあり、そのことを肯定的に捉えている高校生と、友達もおらず得意なことも見つからず、不登校になってしまった同年齢の人を想像してみてください。人気者の高校生はアイデンティティと呼べるものを勉強やスポーツや人間関係や趣味のうちに見つけやすいでしょうが、不器用な不登校の人はそういったものをひとつ見つけるだけでも相当に苦労するでしょうし、「自分は何者でもない」と悩む度合いもずっと大きいでしょう。なかには自分の構成要素と言えるものを自分で選べたことのない人もいるかもしれません。

また、プライドの高い人も「とにかく手に入れる」のが簡単ではありません。なぜならプライドの高い人は、自分にふさわしい職業、パートナーや友人、趣味といったものを高望みせずにいられないので、その高望みにみあったものをわざわざ手に入れて回らなければならないからです。それこそ、自分の構成要素はすべて一流でなければ気が済まない人などは大変です。

このように、「何者かになりたい」という願いの深刻さと解決の難しさは、人によってだいぶ違っていると言わざるを得ません。そもそも、さきに挙げたような人気者の高校生は「何者かになりたい」とか「自分は何者でもない」などとすら考えないかもしれません。

10代は将来の自己像がイメージしにくい時期ですから、人気者の高校生でもやさぐれた日には「自分は何者でもないなぁ」と考えることはあるかもしれません。そうだとしても、人気者の高校生はそうでない高校生より悩みの頻度や程度は軽いだろうと想定できます。というのも、彼／彼女は自分自身の構成要素と言えるものをあらかじめたくさん持っていて、学校での活動やコミュニケーションをとおして自分がどういう人間なのかを確かめることも、納得することもできるだろうからです。

反対に、自分自身の構成要素と言えるものが元々少ない人にとって、「何者かになりたい」という願いをかなえ、「自分は何者でもない」という悩みを軽くするのは簡単とは言えません。もともと自分自身の構成要素が少ないだけでなく、新しく獲得していくのも上手ではないでしょうから。学校での活動やコミュニケーションをとおして評価されたり「集まっている自分たち」や「おれら・わたしら」を実感したりして、それらをアイデンティティの一部としていくのも、きっと容易ではないでしょう。

「何者かになりたい」という願いの切実さと、「自分は何者でもない」という悩みの重さはケースバイケースなのです。大まかに言っても、思春期の段階でアイデンティティの構成要素をある程度持っている人が、さらなる向上心をもって「何者かになりたい」と願っているのと、家庭でも学校でもなかなか居場所が感じられず、「自分は何者でもない」と悩んでいる人では、着手したほうがいいことにも、着手できることにも大きな差があるでしょう（図4）。

すべてのケースバイケースにジャストフィットな提言を一冊の書籍で語りつくすことはできませんが、困っている度合いや構成要素の多寡による大まかな指針の違いについて、これからお示ししてみようと思います。

図4「何者かになりたい」と「何者でもない」の差異

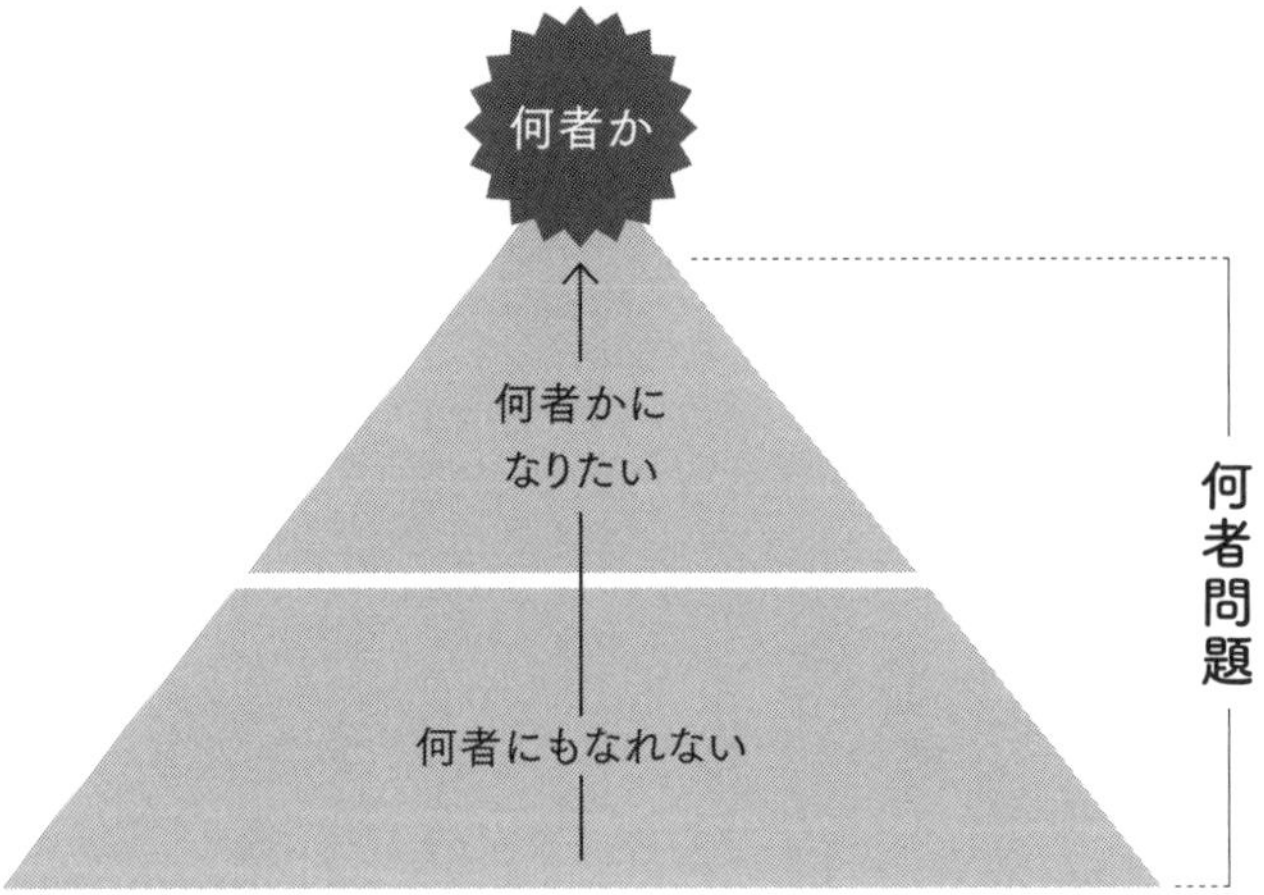

自分自身の構成要素が乏しい人は、まず"危なくない構成要素"を手に入れよう

はじめに、「何者かになりたい」というより「自分は何者でもない」という悩みが深い人、現時点でアイデンティティの構成要素、つまり「自分はこういう人間である」と納得できるための材料が乏しい人のための解決策、その指針についてお話しします。

このような境遇にある人にとって、自分のアイデンティティの構成要素となるものは希少です。**「あれもこれも」と選ぶ以前に、まず手元にあるものを手放さないこと、今の自分でも手が届くものを大切にすること**を、さしあたりの指針としてお勧めしたいです。

たとえば学校で人間関係に恵まれていない人でも、特定の活動、特定のコミュニティでは人間関係が成立していたり、「自分が居てもいい居場所」だと感じられることはあるでしょう。そこは今のあなたにとって大事な構成要素のひとつなので、その居場所や

そこでの仲間関係は大事にしましょう。その活動、そのコミュニティだけでは不満足な人もいるでしょうし、その逆に、つい依存し過ぎたり入れ込み過ぎたりして、浮いてしまいかねない人もいるでしょう。どちらにせよ、居場所や仲間関係は無条件で成立しているものではありませんから、大切にするという意識は持っていただいたほうがいいように思います。

また、趣味や好きな食べ物、大事にしている品物などもあったほうが「自分は何者でもない」という事態を軽減させてくれます。あなたが何者なのかを形づくるメインの構成要素になることはないかもしれませんが、アイデンティティの小さな構成要素にはなり得ます。それらがあなたの活動やコミュニティ、仲間関係とも噛み合うなら、学校や職場でアイデンティティとなるものが見出せなくても、「自分は何者でもない」と思い詰めてしまう度合いはかなり軽くなります。

そして、これは大事なことなのですが、**学校や職場でアイデンティティを獲得したり、そこで自分が「何者かになっていける」と感じたりするために急いでなにかをする必要はありません。**なんなら学校や職場では「自分は何者でもない」という感覚を持ち続けたって構わないのかもしれません。もちろん、学校や職場でアイデンティティを獲得できるに越したことはないのですが、中年になってもそういう感覚を抱き続けたまま、それでも案外楽しく生きている人は結構います（中年期については第6章も参考にしてください）。というより、第1章で記したように、立派な肩書きを得たりアチーブメントを達成したりした人でさえ、「何者かになった」という感覚は長続きするとは限らないので、学校や職場以外のところでアイデンティティの構成要素を選んでおく・時間をかけて育てておくことは、どのみちほとんどの人にとって有用なのです。

ただし、「何者でもない」と感じがちな人がアイデンティティを獲得していく際、必ず注意しておかなければならないことがあります。それは、第2章で述べたように、「何者かになりたい」と願っている人をターゲットとしてお金を巻き上げたり、体よく利用しようとしたりする人が、世の中にたくさんいるということです。

一例として、ソーシャルゲームを挙げてみましょう。たとえばあなたがあるソーシャルゲームに大量の時間をかけ、たくさん課金すれば、あなたはそのゲームのなかで高いランキングのプレイヤーになれたり、他のプレイヤーに充実したアイテムのコレクションを見せびらかしたりできるでしょう。あなたが「自分は何者でもない」と思っているほど、またあなたがアイデンティティを獲得した経験が乏しいほど、その体験は病みつきになり、「もっと時間とお金をささげて、アイデンティティの構成要素として輝くものにしたい」と思ってしまう可能性があります。

「え、ソーシャルゲームだってアイデンティティの構成要素になりえるんじゃないの?」と言われたら、確かにそのとおりと言わざるを得ません。しかし、そこに時間とお金をささげ過ぎれば、他のことがおろそかになり、いつか訪れるソーシャルゲームのサービス終了時には何も残っていないかもしれません。

こうしたケースは、一部のオンラインサロンなど、搾取の気配が漂うコミュニティにもしばしば言えることです。性質《たち》の悪いコミュニティは、あなたが「何者かになった」という感覚をすぐ与えてくれたり、「自分で何者かになる選択をした」という確信を与えてくれる一方、お金や時間を過剰に要求し、じきに解散したあとに手元に残るものはありません。

どんな趣味やコミュニティでも対価をまったく必要としないケースは稀です。つまり、そこでアイデンティティの構成要素を手にするにも、時間やお金がかかるものです。お金や時間をかけたからこそ思い入れが強まる、という部分もあるでしょうから、一概に「お金や時間がかかる＝性質が悪い」とは言い切れません。ソーシャルゲームやオンラインサロンにしても、実際には適切に選んで上手につきあえる人の方が多いわけです。

こうしたことを理解したうえで、自分がどの趣味やコミュニティなら安全に馴染めていけるのか、逆に自分がどの趣味やコミュニティならのめりこみ過ぎてしまったり、搾取されてしまったりするのか、よく見比べ、考え、見抜いていく必要があります。もちろんこれも、慣れていない人には簡単な課題とは言えません。それでも間違いなく言えるのは、**アイデンティティの構成要素を選ぶ際に勇み足は禁物**ということです。

勇み足を誘った搾取でよくあるパターンは、「何者でもない」と感じている人に「自分が何者かになれる」ような誘い文句をうたっているもの、とりわけ一発逆転や〝たったひとつの冴えたやりかた〟をうたっているものです。そういう一発逆転的な誘い文句は、ほとんどの人は引っかからないものですが、それだけに自分が「何者でもない」と思い詰めている人だけが引っかかる性質の悪さがあります。思い詰めている人ほど一発逆転に惹かれるのは理解できますが、だからこそ搾取の門はそのような擬態をほどこされているものです。どうかお気をつけください。

もっと上を目指したいなら、向上心を持ってなるべく広い手で

一方、今の段階でアイデンティティの構成要素がある程度あって、そのうえで野心をもって「何者かになりたい」と願っている人はどうすればいいでしょうか。

学校や職場であれ、コミュニティや趣味や持ち物であれ、ある程度まで自分自身の構成要素と呼べるものを持っている人は、そういったものをまったく持ち合わせていない人に比べて恵まれていると言えます。これまでの人生経験のなかで、どういうコミュニティなら自分がとけこみやすいのか・どういうコミュニティなら自分と相性が悪いのか、ある程度の経験も積んでいることでしょう。

そのような人にとっての「何者かになりたい」とは、「自分自身の構成要素を望ましい方向で増やしたい・もっと望ましいものと交換したい」といった上昇志向なものか、将来を見据えたものであることがほとんどです。

この段階の人なら、将来の自分がなりたいもの・将来の自分の構成要素にしたいものにお金や時間を投資してもいいように思います。「ちょっと自分には無理かな」と思えるような高い目標を意識したって構わないかもしれません。もちろん、今までに形づくってきた自分のアイデンティティ、自分の構成要素をいきなり全部捨てるような無茶な勝負には出ないでください。なにもかも捨てた大勝負は「自分は何者でもない」という悩みを生み出しやすくなり、かえって集中力が落ちてしまうおそれがあります。

学生から社会人へ、社会人の新人から中堅へと成長していくなかで新しいアイデンティティを加えていくには、それなりの時間とお金がかかります。それでいて、ひとつの目標に絞り込むことは難しいため、目標を絞り過ぎると何者かになれる確率は低くなってしまいがちです。受験生が特定の大学に絞った受験勉強をするならまだ効果があるかもしれませんが、就職や人間関係や趣味の世界では、目標を狭く絞っても絞っただけの効果はあまり得られません。

となると、上昇志向な人の「何者かになりたい」戦略は、麻雀やポーカーのような戦略が現実的ではないでしょうか。

たとえば麻雀で勝つコツのなかに、「手が揃いきっていないときは手を広く受ける」という方法があります。手が揃いきっていないときには完成形を狭く絞るのでなく、成立する完成形のバリエーションができるだけ広くなるように構えておいて、手の成り行きをみながら可能性の高そうなものにだんだん絞り込んでいくわけです。

ポーカーにしたってそうですね。ストレートしか狙えない手づくりをするより、ストレートもフラッシュも狙えるよう手づくりを心がけたほうが、なんらかの役ができあがる確率は高くなります。

野心的にアイデンティティを追いかけていく場合も、これらに似ていると私は言いたいわけです。**最初からなりたい自分を狭く想定するより、なりたい自分や目指したい自分、入りたいコミュニティや手に入れたい趣味や技能などを手広く構えられるほうが、なりたいもののどれかになりやすく、そうでなくても、アイデンティティと呼べそうななんらかのものにたどり着きやすいのではないか**と思えるのです。

もちろん手広く構えることにも限界はあり、たとえば国語と歴史が得意で、物理と数学が苦手な学生が、将来のアイデンティティ候補として物理学者や数学者を意識しても道は険しそうです。しかし、その学生が複数の大学や就職先を視野に入れながら勉強したり、それと同時に読書のコミュニティに所属したり小説を書いてみたりすることは、ある程度まで同時進行できます。あとになって実際にどれがその学生のアイデンティティになっていくのかは未知数ですが、どれになったとしても役立ち、時にはそれらの複数が実現することもあるかもしれません。

最近は副業を持つ人も増えています。マルチタレントな人がその才能を活かして活躍することもままあります。たとえばあなたが「小説家になりたい」と願うとしても、小説家だけに的を絞る必要はありません。むしろ、小説家以外のなりたいものと重複するような形でスキルアップを目指し、複数のなりたいもののいずれにも有利に働くようなトレーニングやコミュニティへの所属を考えたほうが望む何者かのひとつ、または複数を狙いやすいでしょう。副業や趣味まで含めるなら、いまどきは兼業小説家や兼業音楽家などになれる可能性も高くなっているわけですから、ぜひ、手広く構えながら学び、経験し、チャンスをうかがってください。望ましいチャンスが目前に迫ってきたときには、リスクを検討しながら勝負してみてもいいと思います。

高いプライドが邪魔をする人は
どうすればいいのか

さて、さきほどもすこし触れましたが、アイデンティティと呼べるもの・自分自身の構成要素と言えるものを求めていく際には、プライドが邪魔をすることがあります。プライドが高い人は「自分に見合っていない」と感じる仕事・コミュニティ・趣味などをアイデンティティと見なすことができません。プライドの高い人がアイデンティティの一部とみなす持ち物も、なかなか厄介です。自動車なら高級外車でなければならないとか、コーヒーなら特別な産地や製法のものに限るとか、条件が厳しくなりがちです。

必然的に、プライドの高い人が「何者かになりたい」と願うときには、そうでない人に比べてハードルが全体的に高くなりがちです。そのせいで「自分は何者でもない」と感じてしまう可能性も高いでしょう。あなたの周囲にも「プライドさえ下げられたらもっと楽に生きられそうな人」が一人か二人ぐらいはいらっしゃるのではないでしょうか。

では、プライドの高さがアイデンティティの獲得に必ず悪く働くかといったら……そうとも限りません。プライドが高いからこそ人より上を目指して努力できる人、勇猛なまでに挑戦して、プライドに見合った何者かになっていく人も少なくないからです。だからもし、あなたがプライドの高い人だったとしても、そのこと自体は悪く思うことはないと思います。「プライドの高さに見合った何者か」になるために人並み以上に頑張れる人、それが今の段階でもなにかの形で実を結んでいて、まだまだ上を目指していける人なら、プライドの高さは長所にすらなり得ます。そのプライドの高さが他人から見て鼻につかないようきちんと注意できるなら、一層チャンスをものにしやすくなるでしょう。

ただし、世の中にはプライドが高いけれども勇猛に挑戦できない人、むしろプライドが邪魔をして失敗や無駄をおそれている人もいます。この場合、アイデンティティの獲得はかなり難しくなります。なにしろプライドが高いのですから、自分自身の構成要素としてハイレベルなものを望みがちで、そのぶん望みのものを手に入れるのは難しくなってしまいます。難しいとわかっていて人一倍努力し、勝つまで試行錯誤を重ねられる人はそれでも大丈夫でしょう。しかし、うまくいかないたびに深くプライドを傷つけられたと感じる人、その高いプライドを傷つけられたくないから挑戦できなくなっている人は、本当は手に入れたいアイデンティティに手が届かないまま、足踏み状態を続けてしまいがちです。

それともうひとつ、プライドの高さが他人から見て鼻につきやすい人は、人間関係やコミュニティへの所属に支障をきたす可能性が高まります。さきほど私は「そのプライドの高さが他人から見て鼻につかないようきちんと注意できるなら、一層チャンスをものにしやすくなる」と書きましたが、逆に言うと、「プライドの高さを丸出しにしている人はチャンスを逃しやすい」とも言えます。

この場合、自分では「チャンスを逃した」という実感が伴わない点に注意が必要です。これはプライドの高さに限ったことではありませんが、あなたの短所が災いしてチャンスを逃がしてしまうとき、手が届きかけたチャンスを目の前で逃したと感じられることはほとんどありません。そうではなく、あなたの知らないところで、その短所のない誰かにそのチャンスが回されることがほとんどです。

もちろんプライドが高い人が全員、高慢で鼻持ちならない振舞いをしているわけではなく、訓練によってこの喪失は避けられるものですが、プライドが高くて若い人はこの訓練が足りないことが多いように見受けられます。どうかご注意ください。

ところで、「プライドが高いなら、低くすればいいじゃないか」と考える人もいらっしゃるでしょう。さきに述べたように、鼻持ちならない振舞いをやめて慎み深い振舞いを身に付けることは、訓練次第で結構できます。ところがプライドの高さそのものを低くするとなると、じつは簡単ではありません。プライドにまつわる問題は、それ自体1冊の本を書いて説明しなければならないほど難しい問題です。なので、ここではプライドの高い人でも訓練次第で慎み深い振舞いができるようになること、プライドの高さが身を助ける人も珍しくないことをお知らせするにとどめておきます。

「何者か＝アイデンティティ」なんて要らない？

ここまで読み進めてきて、「自分自身のイメージなんてなくて構わない」とおっしゃる方もいるかもしれません。自分についてあれこれ考えるまでもなく、現実のなかで生きていけるならそれで構わないじゃないか、と。

アイデンティティとか「何者かになりたい」とか、そういったことを意識しなくても生きていける、というのはそのとおりだと思います。この章のはじめの方で、アイデンティティという言葉は20世紀の中頃にエリクソンという心理学者が有名にしたと書きましたが、それ以前の人々はアイデンティティという言葉や概念を知らなくても生きていましたし、そうしたことを意識しない人は今でもいます。

たとえば地元で育って、地元に就職して、昔からの人間関係にずっと馴染めていて、仕事にもパートナーにも困ることのなかった人などは、「何者かになりたい」などと意識もしないでしょう。江戸時代の武士の嫡男《ちゃくなん》（イエを継承する立場にある子ども）などもそうです。自分がイエを継ぐと決まっていて、そのために日々努力も重ねていて、それにふさわしい人間関係に囲まれているような嫡男なら、「自分は何者でもない」とはまず考えなかったでしょう。

他方、現代の思春期にありがちな、「何者かになりたい」という願いや「自分は何者でもない」という悩みを説明し、それらがどうモチベーションにつながり、人を成長させていくのかを考えたり説明したりするにあたり、アイデンティティという概念はやはり便利です。脳や心臓といった実在の臓器などとは違って、アイデンティティという概念は人間の動機や心理的課題を説明するためのモデルにすぎませんが、「何者かになりたい」と願う人や、「何者にもなれない」と悩む人を理解するには有用です。

エリクソンによると、人がアイデンティティを獲得したいととりわけ願い、求めていかなければならない時期は思春期なのだそうです。エリクソンが活躍した頃のアメリカでは、「思春期」は「就職するぐらいまで」と考えられていました。就職するまでの時期は、自分が何者になるのかまだ定まっていないと同時に、将来の自分のためにある程度自由なトライアルアンドエラーができる時期でもあり、これをエリクソンは猶予期間《モラトリアム》と呼びました。

当時のアメリカは今ほど仕事が流動的ではなかったので、就職が決まれば将来の生き方もだいたい決まるのが一般的でした。この頃、アイデンティティをうまく獲得・確立するとは「納得できるような何者かに自分がなれること」であると同時に「納得できるような仕事（または趣味やパートナーなど）を見つける」ことでもあったのです。

ところが時代を経るにつれて、私たちの生き方が決まる時期はだんだん遅れるようになりました。今では30歳になっても生き方が定まらない人、パートナーを選びおわっていない人は大勢います。前世紀に比べてアイデンティティが定まらない時期、いわば猶予期間が長くなった結果、人々の行動の動機としてアイデンティティが占める割合は大きくなったのです。地域社会や血縁社会や宗教の衰退も、こうしたことに拍車をかけているかもしれません。地縁や血縁や宗教も、かつては「自分自身の構成要素」としてウエイトが大きく、それらがもたらす人間関係も「集まっている自分たち」や「おれら・わたしら」をとおして自分自身の構成要素として役立っていたからです。ですが今では家族が核家族化するに留まらず、一人暮らしをする人も増え続けています。

いつの時代の人間も、一人では生きていけません。いや、今の時代はコンビニや家電が充実しているから、物理的には一人暮らしも可能でしょう。それだけに心理的な孤独が問題としてクローズアップされやすくなり、他人から認められたり褒められたりしたい、「集まっている自分たち」や「おれら・わたしら」を求めたいといった心理的なニーズが問題になりやすくなりました。

そんな人々の行動の動機について考える際、アイデンティティというモデルに基づいて考えてゆくと、「何者かになりたい」という願いや「何者にもなれない」という悩みも含めて、人々のさまざまな動機を理解できます。また、アイデンティティの獲得・確立を意識しながらライフプランニングができるとしたら、自分の動機をある程度制御したり、年をとったときの自分がどういう動機を持ちそうかを先回りして考え、それに備える余地が生まれてくるでしょう。

「負のアイデンティティ」と「アイデンティティ拡散」

このように、アイデンティティという概念で私たちの動機はある程度予測でき、アイデンティティが足りないよりは足りているほうが望ましいとも言えるのですが、ではアイデンティティとして獲得・確立できるものならなんでもいいのでしょうか。あるいは、自分自身の構成要素になりそうなものならなんでも取り込んでいけばいいのでしょうか。

エリクソン自身は、そうではないと見ていたようです。エリクソンは、アイデンティティのなかには「負のアイデンティティ」と呼ぶべきものがあると述べています。自分自身の構成要素にすることで人生が悪化してしまうようなアイデンティティや、社会の敵とみなされるアイデンティティなどは「負のアイデンティティ」です。具体的には、ギャングや全体主義者のメンバーなどを、彼は例として挙げています。

エリクソンによれば、こうした負のアイデンティティを求めてしまうのは「アイデンティティ拡散」という状態の兆候なのだそうです。「アイデンティティ拡散」とは、「何者かになりたい」という気持ちが上手に活かせない状態やこじれてしまった状態、アイデンティティを獲得したい気持ちが成長よりも停滞や破局を招きかねない状態のことです。

以下の表はアイデンティティ拡散の兆候について、精神医学事典から引用したものです。

これを読んで「私もアイデンティティ拡散なのかな」と思った人も少なくないのではないかと思います。この本を手にとったあなたも、そうでない人よりは①にあてはまるかもしれませんね。中二病も、自意識

アイデンティティ拡散の兆候一覧

①自意識過剰	自分が何者か・何者でないかに過敏な状態になる
②選択の回避	何者かになるトライアルを楽しめなくなり、回避しがちな状態になる
③対人関係の失調	他人との距離感が極端になってしまう。いわゆるヤマアラシのジレンマなど
④時間的展望の拡散	生活の緩慢化や絶望感、死んでしまいたい願望など
⑤勤勉さの拡散	適切な能力獲得が困難になってしまう
⑥負のアイデンティティの選択	家族や身近なコミュニティが望ましいとみなすものへの嫌悪や憎悪、その正反対のものへの過大評価

出典：加藤正明ほか編『新版 精神医学事典』弘文堂(1993) ＊表現は筆者がかみ砕いたもの

過剰で悪のキャラクターへの憧れを伴うものなら①と⑥があてはまりそうです。

思春期のある時期、これらのどれかにあてはまること自体は、異常でも不思議でもありません。エリクソンの時代よりも思春期や猶予期間が長くなり、進学や転職によって自分自身の構成要素が変わりやすくなり、地縁や血縁や宗教が自分自身の構成要素として頼りにならなくなっているのですから。現代では、一時的にでも「何者かになりたい」という思いがこじれ、アイデンティティ拡散の兆候にあてはまることは増えているのではないでしょうか。

もちろんアイデンティティ拡散の兆候の複数にずっとあてはまり続ける場合、やはり注意が必要でしょうし、そうした人のなかには（現代の基準で）なんらかの精神疾患にあてはまる人もいらっしゃるでしょう。たとえばあなたがうつ病にかかっていて判断力が大幅に低下しているとしたら、負のアイデンティティのマイナスの部分やリスクを制御できない可能性が高くなるかもしれません。

とくにメンタルヘルスの問題との兼ね合いを考えた場合、そうしたマイナスの部分やリスクを無視して構わないとは私の立場からは言えません。とはいえ、表のどれかに今あてはまるだけで心配してしまったら、きりがないのではないでしょうか。

エリクソンが負のアイデンティティと呼んだものについても、それが法に触れるようなもの——とくに犯罪集団など——でない限り、どこまで否定すべきなのか、否定してしまって構わないのか、難しいところです。心理学者や精神科医や教師から「負のアイデンティティ」と見えるものが、異なる立場や考え方から見ればそうでないことは珍しくありません。他人からは負のアイデンティティと見えるものが、自分自身の構成要素として「今はどうしても必要」ということもあるでしょう。法に触れたり、他人に危害を加えたりするものでない限り、誰かのアイデンティティを負のアイデンティティとみなし、なおかつ否定することには慎重であるべきだと私は考えています。

私がアイデンティティ拡散や負のアイデンティティをむやみに否定したくないのは、私自身も私の知人も、アイデンティティ拡散と呼ばれそうな時期を通過し、負のアイデンティティと他人に言われてもおかしくない境遇を通り抜けてきたからです。「自分は何者でもない」と悩むなかで、世界を憎む物語をアイデンティティだと感じたり、イレギュラーな集団の一員になったりすることで、どうにか思い詰めずに済んだ人は過去の私も含めて結構いたはずです。令和の今なら、世間が顔をしかめそうな動画配信者やゲームコミュニティこそが今の自分にはどうしても必要なアイデンティティの一部だ、ということもあるでしょう。歌だってそうです。世間が負のアイデンティティと呼びそうな歌はいつの時代も絶えることがありません。

それらの弊害やリスクを理解し、うまく立ち回れるなら、大人から白い目で見られそうなアイデンティティや遠回りとみなされそうなアイデンティティを大切にしていい、大切にすべき時期もあるのではないでしょうか。

また、世間から負のアイデンティティと呼ばれるものでも、それを自分自身の構成要素の一部として、いわば我が身の一部として世間の目線から守り、大切にすることで、自分にとって大切なものを守るとはどういうことか学んでいくことができます。自分自身の構成要素を大切にすることは、自分自身を大切にすることにも通じているでしょう。何歳になっても暴走族を続けてはいられないのと同じで、負のアイデンティティをずっと抱え続けることは難しく、あまりに長ければ人生を歪ませてしまうおそれもあります。しかし、だからといって自分自身の構成要素と感じるものを他人の言葉で簡単に捨ててしまっていいかといったら、私はそうではないと思います。

アイデンティティ、その思春期から先のゆくえ

世間から負のアイデンティティと名指しされそうなものも含めて、自分自身の構成要素を一つひとつ集め、取捨選択していくにつれて、あなたは何者かになっていきます。そうするうちに、「自分は何者でもない」と思う頻度と程度は下がっていくことでしょう。自分が選んだ自転車のデザイン、自分がよく聴く音楽のチョイス、自分が学び、自分が働いていること一つひとつに自分らしさを感じるようになり、それらが自分にとって必要なもので、自分にとってサマになっていると感じるたび、あなたのアイデンティティは少しずつ確立し、丈夫なものになっていきます。

その際、あなたは他人の目線や評価からも大きな影響を受けずにはいられません。仲間と一緒に切磋琢磨できること、他人に評価されやすいこと、メンバーシップの一員として尊重されていると感じられることは、非常に重要です。**あなたが評価されやすいこととは、あなたに適性や長所がある可能性が高く、あなたがメンバーの一員として尊重さ**

れる居場所は、あなたによく似合う居場所の可能性が高いと思われるからです。

とはいえほとんどの場合、誰かに解説されるまでもなく、他人の目線や評価をとおして、あなたは「自分になにが似合いでなにが不似合いなのか」「自分のアイデンティティとしてなにが必要で、なにが不必要なのか」を自然に判断していくでしょう。誰にも認められず、どこにも属することもできないものをアイデンティティの中心に据えて我が道を行ける人も稀にはいますが、この本を読んでいる方はおそらくそうではありません。

エリクソンは、「思春期の心理的な課題はこのアイデンティティの確立である」と述べました。自分に似合う服、自分が好きな趣味、自分がやり甲斐を感じる学びや仕事、自分が属していていいと思える仲間集団や居場所が見つかり、定まっていくことがまさにそれです。少し誤解を含んだ言い方になるかもしれませんが、**あなたが好きでしょうがないものが定まっていくこと、あなたがどうしても手放したくない人や居場所が増えていくことが、おおむねアイデンティティの確立であり、あなたが「何者かになっていく」こと**だと言い換えられるかもしれません。

中年を迎えた大人たちは、しばしば、自分が若かった頃に親しんだ音楽を聴き、その頃に選んだ服や趣味や人間関係をずっと大事にして、新しいものになじめなかったりするものです。新しいものになかなかなじめない中年の様子は、若い人には残念なものに見えるかもしれません。しかし、大半の中年が新しいものになじめない、というより新しいものに関心が少ないのは、彼らが若かった頃に自分自身の構成要素をあらかた選びおえて、アイデンティティを確立しているためでもあります。

「そんな中年にはなりたくない」とおっしゃる人もいるかもしれません。しかし、中年になってもなお「自分は何者でもない」と思いながら若者の真似事を続けるよりは、もう自分自身の構成要素を選びおわっているほうが幸福な境地だと思いませんか。身体が少しずつ衰えてくるようになり、仕事や子育てなどに忙しくなってくる頃に「自分が何者か」考えずに済むのは、理にかなったことでもあります。新しいものに関心の少ない中年を「悪い未来」と見るのでなく、何者かになったあとの「なんらかの理にかなった未来」として見ると、新しい発見があるかもしれませんよ。

少なくとも、そのデメリットや短所ばかりに注目するのでなく、メリットや長所を意識してみることにこそ、未来を展望するヒントが隠されていると思います（このあたりについて興味のある人は、私が少し前に書いた『「若者」をやめて、「大人」を始める』という本をご覧になってみてください）。

それともうひとつ。自分自身の構成要素がだんだん決まってきて、アイデンティティが確立してくると、恋愛や結婚、パートナーシップが少しやりやすくなるかもしれません。思春期の恋愛は、「相手のことが好き」と言っても、恋愛対象と自分自身のアイデンティティを関連づけずにはいられません。言い換えるなら「パートナーのことが好き」という以上に、パートナーに選ばれた自分自身のことが好き」「パートナーから承認されること自体が、『自分が何者かである証拠』として必要」といった感じでしょうか。

もちろんパートナーも自分自身の構成要素、アイデンティティの一部なので、それがまったくおかしいわけではありません。しかし、自分自身の構成要素がまだまだ少ない時期の恋愛は、つい「自分が何者かであるための条件」として（または部品のようなものとして！）パートナーのことを見てしまったり、アイデンティティの構成要素としてのパートナーの比重が大きくなり過ぎて、バランスがとりづらかったりします。恋愛や結婚やパートナーシップを人生のなかで重要視している人は、それらだけを追いかけるのでなく、他のいろいろなこともぜひ大切にして、「自分はこういう人間だ」と言える構成要素をたくさん見つけてください。きっとそれはあなたの恋愛や結婚やパートナーシップをより優しく、より豊かにする下地となるでしょう。

次の第4章では、そうした恋愛や結婚やパートナーシップに関連した何者問題について解説します。「何者かになりたい」気持ちは、恋愛や結婚やパートナーシップによってどのような影響を受けるのか、どのような点に注意が必要かについてご紹介していきます。

第 4 章

恋愛・結婚と何者問題

パートナーがいれば、東京砂漠でも生きていける？

今から40年以上前に、「東京砂漠」という歌がヒットしたことがありました。高度経済成長が一段落したあとのまだまだ公害も残る東京。その人混みに疎外感と孤独をおぼえる男性が好きな女性に未来の希望を見出す、そんな気持ちを歌い上げたこの歌は、1976年の紅白歌合戦に選ばれています。

この歌が象徴していたように、恋愛や結婚、パートナーシップの対象はしばしば未来の希望や生きるモチベーションになります。「何者かになりたい」という視点から見ても、パートナーの存在は重要です。パートナーとつきあっていたり結婚していたりすることは、あなたがパートナーに選ばれ、認められているということであり、少なくとも「一人の人間のパートナーである」というアイデンティティは獲得できるからです。また、夫婦や恋人関係や家族は、「集まっている自分たち」や「おれら・わたしら」を実感できる最小単位の集団と見ることもできるでしょう。

こうしたこともあって、「何者かになりたい」という願いの最重要課題として、パートナーシップを重視する人は絶えません。恋愛や結婚に大きな価値をおいている人、今まさにパートナーシップを構築している最中の人には、とりわけそのように感じられるでしょう。

それと同時に、「自分は何者でもない」と悩んでいる人から見ても、パートナーシップが特効薬と思えることは少なくありません。自分が「何者かになった」と感じられるものや居場所が足りないと感じている人、いわばアイデンティティの獲得が足りてない人が、一縷《いちる》の望みを託して恋愛に飛び込むというパターンもよくあるものです。冒頭で挙げた「東京砂漠」という歌も、この本のテーマになぞらえて振り返るなら、そのパターンをなぞっているように聞こえます。

しかし、本当に恋愛は何者問題の特効薬になるのでしょうか。

ここまで書いてきたように、パートナーシップが「何者かになりたい」気持ちに大きな影響を与えるのは事実ですが、さりとて問題のすべてを解決してくれるわけではありません。むしろ恋愛や結婚に期待し過ぎてしまい、かえってうまくいかなくなっている人、パートナーを熱心に求めて、それなりに交際できているはずなのに、なかなか「自分は何者でもない」という気持ちが変わらない人も多いのです。もちろん、パートナーシップそのものが順調に運ぶ人もいれば、早々に破局に至ってしまう人もいますし、破局に至ったときの心痛のひどさも人によってまちまちです。

この第4章では、恋愛や結婚をはじめとするパートナーシップが何者問題に与える影響を、どちらかといえば問題点を意識しながら解説していきます。

初恋は甘く美しい、だけど儚く、そして難しい

第3章で私は、こんなことを書きました。

「自分自身の構成要素がまだまだ少ない時期の恋愛は、つい『自分が何者かであるための条件』として（または部品のようなものとして！）パートナーのことを見てしまった

り、アイデンティティの構成要素としてのパートナーの比重が大きくなり過ぎて、バランスがとりづらかったりします」

この文章の意味がすぐにピンとこない人でも、はじめて恋愛する人とある程度恋愛経験のある人とでは、慣れ不慣れの差がかなりあること、そして若い頃の恋愛があとになって思い出すと幼く見えることは、理解できるのではないでしょうか。

初恋も含めて、恋愛に不慣れな時期には、好きな相手にどう接すればいいのかわからないことが多いものです。幸運にも好きな相手とつきあうようになったとしても、「パートナーのことが好きだから大事にしたい」気持ちと、「パートナーに自分の思いどおりの行動をしてほしい」という気持ちが入り混じり、後者の気持ちが強く出てしまい、喧嘩別れになってしまうこともあります。人によってはパートナーに対して性的な望みを押しつけてしまい、困らせてしまうこともあるかもしれません。

また、自分自身のアイデンティティの構成要素が乏しい、いわば「自分は何者でもない」と感じている度合いが高い時期にパートナーを得ると、「○○さんのパートナーとしての自分」や「○○さんに選ばれた自分」や「交際相手がちゃんといる自分」といったことがアイデンティティの構成要素として、比率的に大きくなりがちです。とくに初めての恋愛には初めてならではの魅力があり、パートナーとの関係が「自分が何者かである」ことの最大の、時には唯一の根拠のように思えることもあります。

しかし、あとでも触れますが、自分自身のアイデンティティをパートナー一人に頼ればほど、そのパートナーとの恋愛関係や夫婦関係は制御が難しくなり、あなたのアイデンティティはパートナーの顔色や態度に大きく左右されるものになってしまいます。**恋愛関係の難易度は、あなたのアイデンティティの構成要素が充実しているか乏しいか、言い換えれば「自分は何者でもない」と悩んでいる度合いが高いか低いかにも大きく左右される**、と言えます。

このことに加えて、進学や就職などに伴って若い2人の考えや価値観、それぞれのアイデンティティの構成要素も変わっていきます。中高生のときには一心同体だと思っていたパートナーが大学進学や就職を経てだんだん心が離れていき、考え方も一致しなくなっていくことはよくあることです。もし2人がずっと地元にいて、ずっと同じ生活、ずっと同じアイデンティティを保てるなら添い遂げやすいかもしれません。しかし転居を繰り返し、次々に新しいコミュニティに所属し、趣味も技能も次々に変わっていく者同士の場合、パートナーシップを続けきれなくなることがままあります。

ですから若く不慣れな時期の恋愛はなかなか難しく、その多くは儚いものです。幼馴染と結婚し、そのあとも添い遂げるカップルがいないわけではありませんが、お互いによほど努力し、お互いのアイデンティティの構成要素が大きく変わらない環境にあって、運のめぐり合わせにも恵まれなければ、そううまくはいきません。

だからといって、私は「若い頃の恋愛やパートナーシップは無駄だ」と言いたいわけではありません。

自分自身のアイデンティティをパートナー一人に託す度合いが高いほど、その恋愛は特別さを増し、パートナーは輝いて見え、恋愛へののめり込みの度合いも高くなります。恋に恋する人のなかには、こののめり込みが病みつきになってしまい、いわばアイデンティティの不足を利用して大恋愛をわざわざ繰り返す人もいます（これは、かなり体力と精神力を必要とするので、ずっと続けるのはお勧めしませんが……）。

また、たとえ恋がおわりを迎え、パートナーシップが解消されたとしても、そのときの思い出はずっと残りますし、次の恋愛やパートナーシップに活かせる経験も得られます。あとに残る思い出や経験まで考えるなら、(片思いも含めた)若い頃の恋愛の失敗やパートナーシップの解消は、それほど悪いものではありません。その時期にしかできない片思い、そのときにしか燃え上がれない恋愛もあるでしょう。なにより、そうした失敗や解消をきちんと覚えて活かせるなら、次の恋愛やパートナーシップに臨むときに同じ失敗を避けやすくもなります。

恋やパートナーシップというと、永遠を求めたくなる人も多いことでしょう。しかし、永遠でなくても手元にはなにかが残ります。それをこれからの自分に活かしていく余地はあるはずです。

アイデンティティの成長とパートナーシップの成長

このように思春期、とくにその前半の恋愛はなかなか難しく、自分とパートナーのそれぞれが何者か確立しきっていない点が、パートナーシップにもさまざまな影響を与えます。では、パートナーシップの当事者双方がもう少し年齢や経験を重ねて、自分自身の構成要素を、つまりアイデンティティを確立している場合はどうでしょう。

第3章でも紹介したエリクソンは、「アイデンティティの確立は男女が親密になっていくことを助け、家庭を持つ際の助けにもなる」といったことを述べています。

「何者かになりたい」と願っているときや「自分は何者でもない」と悩んでいるときは、どうしても自分のことに意識が集中しがちです。自分自身の構成要素として似合いそうなものや人や居場所を探すのに必死で、これは思春期の課題として必要なものです。この時期にも恋愛は起こりますが、先述したように、しばしば自分自身のアイデンティティの選択の一部として、「自分が何者かになるため」「自分が何者でもないと感じないため」の手段としての意味合いが強くなりがちです（図5）。自意識のために恋愛をしてしまう、と言い換えられるでしょうか。

一方、そうした「何者かになるための取捨選択」がだいたいおわった人は、もう少し自分自身の外にも目を向け、自意識のためではない恋愛がしやすくなります。

エリクソンは、アイデンティティの確立がだいたいおわった段階の心理的な課題として、「親密さ」を挙げました。彼の言う親密さとは、身体的にベタベタくっついているとか、相手のことで頭がいっぱいになるとか、そういったものではありません。自分自身のアイデンティティや利益のことばかり考えるのでなく、パートナーにとってのそれらのことを考えたり、優先させたりすること。それによって自分のアイデンティティや利益が侵害されていると不安がらずに済むようになること。そして意識の重心が自分自身のアイデンティティからパートナーとの親密な関係やパートナーとの未来に変わっていくことです（図6）。

別の言い方をするなら、「自意識のための恋愛やパートナーシップ」から「お互いのための恋愛やパートナーシップ」へ、「自分自身の未来しか意識しない恋愛」から

図5 ある思春期の男女のアイデンティティ構成図

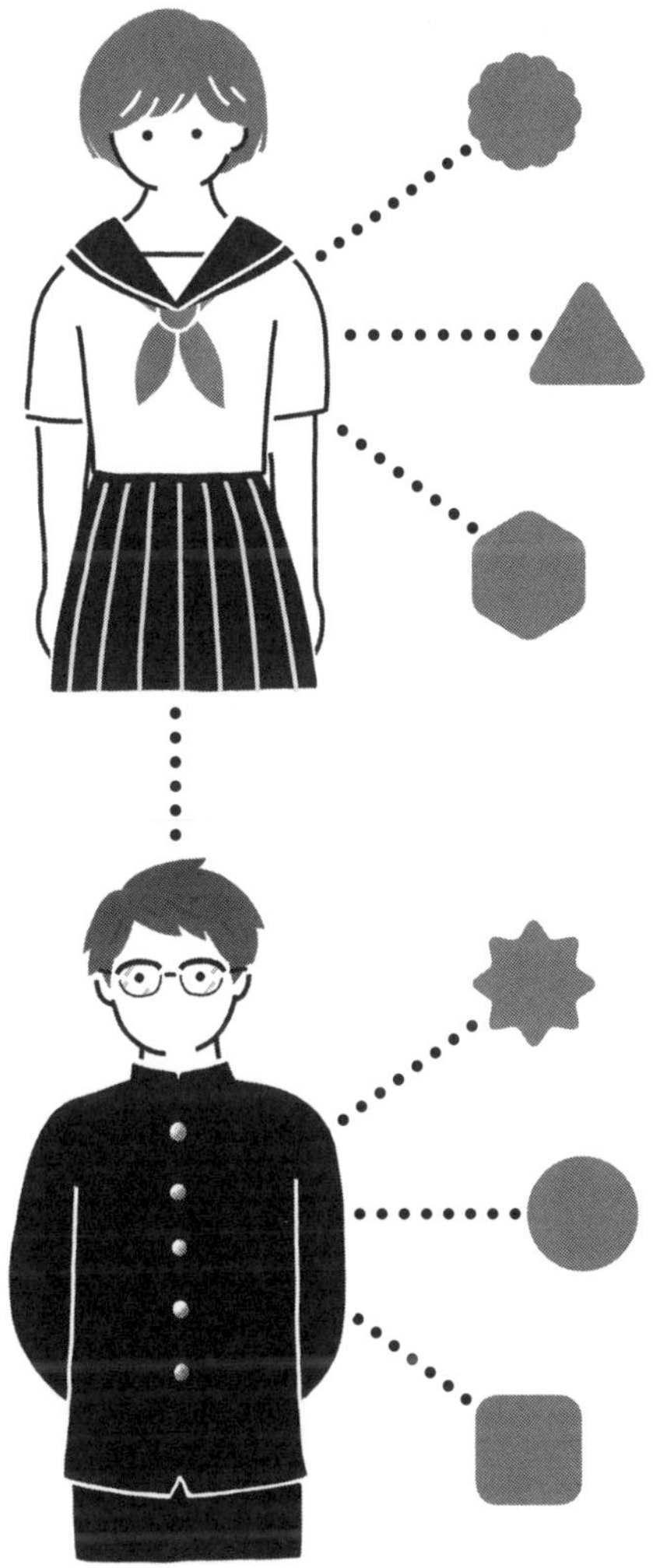

自分自身の構成要素を獲得・確立しなければならない若い男女は、自分自身のことに精一杯で、恋愛も、(自分自身にとっての)アイデンティティの獲得の意味合いが強くなりがち。自分自身のアイデンティティを顧みずにパートナーのことを考えるのはまだ難しい。

「パートナーとの2人の未来を意識できる恋愛」へステップアップすること、とも言えるでしょう。

エリクソンによれば、アイデンティティが確立しきっていない人には、この「パートナーとの2人の未来を意識すること」が難しいのだそうです。自分自身のアイデンティティが確立していないと、つい恋人やパートナーを「自分自身のアイデンティティの構成要素」として意識してしまい、それ以外の視点でパートナーを意識するのが難しい、ということです。

反対に、ある程度アイデンティティが確立している人なら、アイデンティティの構成要素としてパートナーのことを意識する度合いが低いため、あまりそうした状況にならずに済みます。

「自分自身のことに夢中で、自分自身のために恋愛やパートナーを必要としている人に比べれば、そういう段階を卒業した人の方が、余裕のある恋愛や自己中心的ではないパートナーシップを築けるようになる」と言い換えることもできるでしょう。

そして「親密さ」という課題の向こうには、養うべき子どもや家族に意識が向かっ

図6 ある青年期の男女のアイデンティティ構成図

自分自身の構成要素の獲得や確立がだいたい落ち着いた男女は、アイデンティティが安定しているので余裕があり、自分自身のアイデンティティにとらわれ過ぎずにパートナーのことを考えられるようになる。

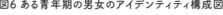

ていく段階が待っています（図7）。自分自身のアイデンティティが確立して、パートナーシップへと意識が移った次は、そのパートナーと一緒に築いた家庭や子どもたちに意識の軸足が移っていくというわけです。

実際、アイデンティティがしっかりと確立した夫婦が子どもをもうけると、夫婦の意識の軸足は子どもや家庭へとスムーズに移っていくものですし、そのような夫婦が子どもを最優先にした家庭をつくることはまったく珍しくありません。子どもがいない場合も、地元の子ども会の世話をしたり、親族の世話をしたりといった具合に、アイデンティティが確立している人ならではの活動がしやすくなります。

私個人は、エリクソンのこうした恋愛観や「アイデンティティの獲得・確立→パートナーシップ→家庭づくり」という心理発達のモデルが、ちょっと理想的過ぎると感じますし、パートナーシップかくあるべし・家庭かくあるべしといった説教臭さを感じなくもありません。また、パートナーシップや家庭へと意識の軸足が移った人でも、メンタルが弱っているときや余裕がなくなってきたときには、一連の流れが（一時的に）巻き戻ることもあります。だからこの流れはひとつのモデルであり、絶対のものではないことは断っておきます。

図7 ある夫婦のアイデンティティ構成図

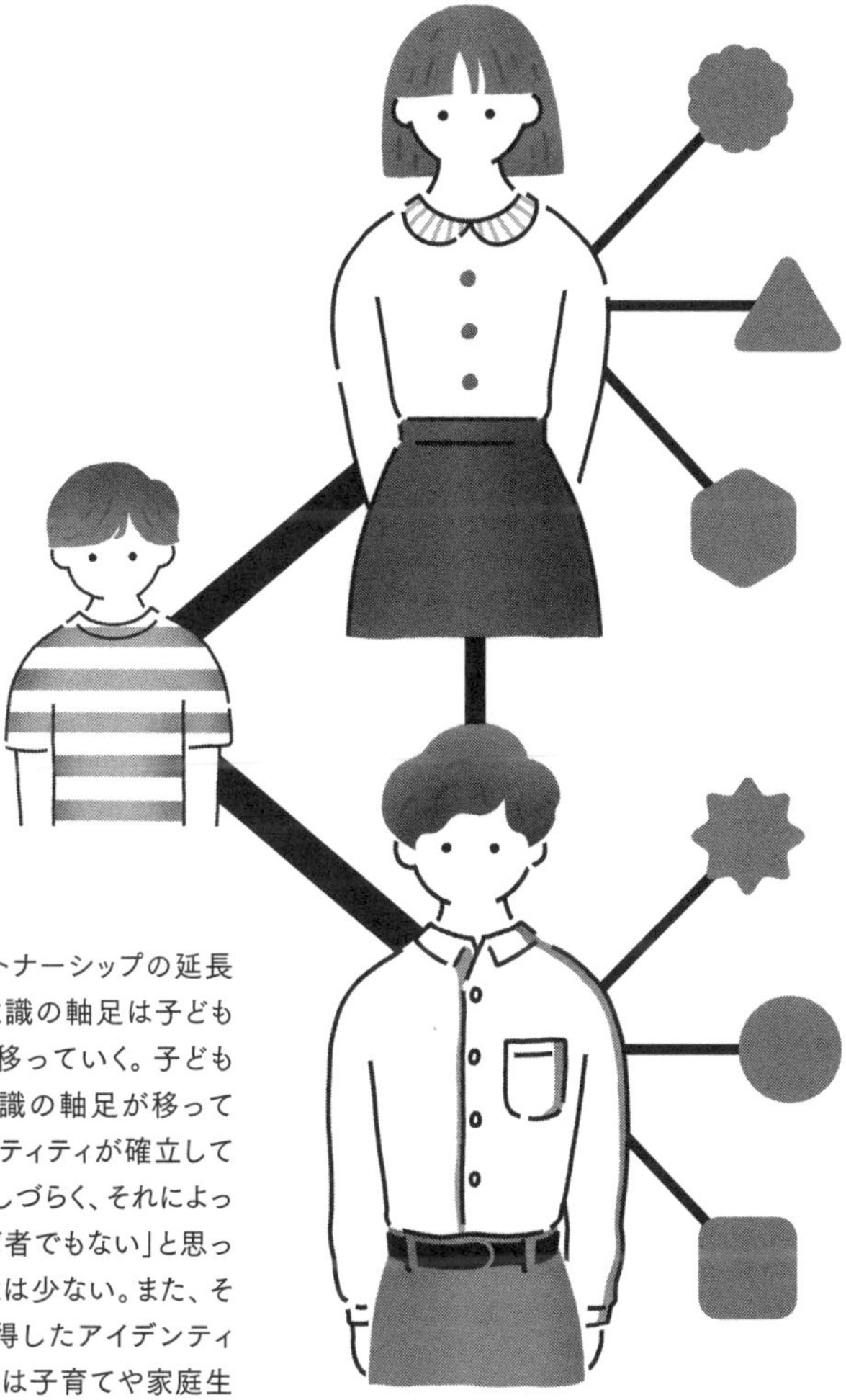

親密なパートナーシップの延長線として、意識の軸足は子どもや家庭へと移っていく。子どもや家庭に意識の軸足が移っても、アイデンティティが確立していれば動揺しづらく、それによって「自分が何者でもない」と思ってしまう懸念は少ない。また、それまでに獲得したアイデンティティやスキルは子育てや家庭生活にも活かされていく。

それでも全体的な傾向としてみれば、「何者かになりたい」気持ちでいっぱいの人や「何者でもない」と悩んでいる人に比べて、自分自身の構成要素がだいたい定まった人の方が恋愛にもゆとりがあり、パートナーや家族に意識の軸足を移しやすいのはつとに感じるところです。子どもの世話や高齢者の世話ともなれば、何者問題で頭がいっぱいの人はとうていおぼつかないでしょう。

「パパ活・ママ活」や「恋愛工学」は、「何者か」にしてくれるのか

昨今は「パパ活」や「ママ活」と称して、若い男女が年上の相手からお金をもらいながら交際することが珍しくないようです。これらが20世紀末に流行っていた売春の一種である援助交際とどう違うのか、私はよく知りません。もちろん、それらが売春とは違うと主張する人もいるでしょう。

いずれにせよ、パパ活やママ活の目的は、お金という交換可能なものに自分自身を交

換することです。お金目当てに性行為を繰り返しているなら実質的には売春ですし、そうでないとしても、ホステスやホストの営業にかなり近いものだとは言えそうです。

断りをいれておくと、パパ活やママ活の法的な問題はこの本で論じるところではありません。私がこの章のなかで考えたいのは、それらの活動が自分自身のアイデンティティの獲得にどう影響するのか、そしてエリクソンのいう「親密さ」に代表される恋愛やパートナーシップの成長や発展に役立つのか、という点です。

結論から言って、パパ活やママ活をとおして自分自身の構成要素を獲得するのは難しそうです。パパ活やママ活に励む人は、お金をたくさんくれる相手なら基本的には誰でも構いません。お金を払って若い相手に接近する側も、いくらかのえり好みはあるにせよ、お金さえ払えば後腐れなく言うことをきく若い相手であれば誰でもいいわけです。「お金の切れ目が縁の切れ目」でもあるつきあいのなかで、おじさんやおばさんに自分の体と時間を買われたという事実をもって「自分は認められた」「自分はいっぱしの人間だ」「かけがえのない関係性を結べた」と思えるものでしょうか。そして、そうした相手との間に「親密さ」を築いていけるものでしょうか。わたしは難しいと考えます。

さきほども少し触れましたが、1990年代には援助交際という、実質的には未成年の売春が流行しました。援助交際が流行っていた頃には、これを「新しい生き方」「若者文化」だともてはやす人もいましたが、実際には援助交際をした若い女性の多くは深く傷つき、メンタルヘルスを破綻させてしまう人も多かったのでした。援助交際が当事者にもたらした悪影響を思い出すと、パパ活やママ活はメンタルヘルスへの副作用が大きく、アイデンティティの確立にも影を落とすのではないかという懸念が拭えません。

もうひとつ、「恋愛工学」についても触れておきましょう。

恋愛工学とは、投資家の藤沢数希が書いた『ぼくは愛を証明しようと思う。』という書籍から広まった、女性と性的関係を持ちたい男性のためのひとつの方法論です。これは、「より新しいナンパテクニック」とでも言うべきものであり、自分一人だけで女性に声をかけるのでなく、方法を共有する仲間同士や師弟関係のなかでの意見交換や進捗確認までもがセットになった方法でもあります。

恋愛工学それ自体は自分が好きになった特定の異性と仲よくなって、パートナーシップを育てていくための手法ではありません。より多くの、そしてより〝クオリティの高い〟不特定多数の女性と性行為を行うことが主な目的となっています。加えて、恋愛工学には師弟関係や仲間同士での進捗確認をとおして「集まっている自分たち」や「おれら」を実感することで、アイデンティティを補い合い、モチベーションを獲得していく側面があり、これが恋愛工学という方法論に独特の性質を与えています。

こうしたことを踏まえると、私から見た恋愛工学はアイデンティティをあまり獲得できていない男性が「たくさんの女性と性行為できる自分自身」というアイデンティティの構成要素を手に入れるための活動に見えます。師弟関係や仲間関係を持つ点も、方法論を共にする者同士で「集まっている自分たち」や「おれら」を形づくって自分自身のアイデンティティを補強し、そうすることで女性に声をかける実践を後押ししているように見えます。

いずれにせよ、「たくさんの女性と性行為できる自分自身」というアイデンティティの獲得が主な目的で、師弟関係や仲間関係を通じて「集まっている自分たち」や「おれら」の感覚を補っているとしたら、それは自分自身のアイデンティティの問題、ひいては思春期の自意識の問題です。つまり、エリクソンの言うその次の段階、親密なパートナーシップまでカバーしたものとは思えません。

『ぼくは愛を証明しようと思う。』や、筆者である藤沢数希が書いた他の文章を読むと、確かに不特定多数の女性と性行為を持つためのメソッドとして役立ちそうなことが書かれています。そのかわり、この恋愛工学に慣れ過ぎてしまうと、女性と性行為をする以上の目的を見失い、女性に対する良心の呵責を麻痺させる副作用があるようにも見え、私は怖いと感じました。女性の側からすれば、恋愛工学とは自分自身のアイデンティティの問題や自意識の問題のために女性を巻き込み、迷惑をかけることをまったくためらわない、危険な考え方と映るのではないでしょうか。

お金をもらいたい・性行為をしたい、そういった状況がままあるのは理解できることです。しかし、そこに留まり続けるとしたら、お金や性的関係は持てても、自分自身のための恋愛、ひいてはパートナーとの未来を見据えた恋愛までの展望は拡がりません。

「交換可能な対象」は、あなたを何者にもしてくれない

最近はマッチングアプリが広く使われるようになり、恋愛候補やパートナーシップの

候補とたくさん出会えるようになりました。そうしたアプリはかつては小規模で、アンダーグラウンド感が漂うものでしたが、最近は「ティンダー」「ペアーズ」などをはじめ、すっかりメジャーな存在となっています。

こうしたアプリは現代のニーズに適ったものです。たとえば昔の職場は出会いの場としても機能していて、「オフィスラブ」などという言葉もありましたが、いまどきの職場で異性の同僚にへたに声をかければ、場合によってはセクシャルハラスメントとみなされかねません。平成以前と比べると、仕事の場は仕事の場・学びの場は学びの場・趣味の場は趣味の場という区切りが厳しくなっていて、そこで出会いを求める人への許容度は下がってきているように見えます。その点、マッチングアプリははじめから交際が目的なので、職場や学校や趣味の場の誰かに迷惑をかけることも、出会う相手にセクシャルハラスメントとみなされる可能性も低いでしょう。

忙しい人や恋愛対象に出会う機会の少ない人にも機会を与えてくれる点や、マッチングシステムによってある程度の相性合わせが行われる点でも、マッチングアプリは優れています。いずれ近未来の出会いはこうしたアプリの利用が当たり前になり、そうでない出会いは珍しくなっていくのかもしれません。

ただ、こうしたアプリの便利さに慣れるなかで、「出会いのかけがえのなさ」「パートナーのかけがえのなさ」を見失っていくとしたら、それは問題ではないかと思います。

これはパパ活やママ活、恋愛工学で出会う人にしてもそうですが、相手が交換可能なとき、または交換可能に見えるとき、その人はあなたにとって「何者」なのでしょうか。たぶん何者とも言えない、〝使い捨てのなにか〟に映ることでしょう。それと同時に、その相手との人間関係をとおしてあなたは自分が何者なのかを知ることもできません。建設的なパートナーシップをつくっていくことも難しいでしょう。

これは恋愛やパートナーシップに限ったことではありませんが、アイデンティティをめぐる問題と交換可能性の高さは、相性がよくありません。

「交換可能な住まい」「誰がやっても構わない仕事」「どうでもいい人間関係」「1カ月も経たないうちにおわってしまう趣味や取り組み」など、これらは失っても痛くもかゆくもない反面、あなたのアイデンティティの獲得・確立には役立ちません。簡単に手放せるものや交換可能なもの、失っても平気なものはあなたを特徴づけるものではないとも言えるでしょう。あなたを特徴づけ、あなたが何者かを雄弁に語ってくれるのは、手放したくないと思うものや愛着があって簡単には交換できないと思うもの、かけがえのないもののはずです。

恋愛やパートナーシップもそうで、**恋愛を有意味なものとし、パートナーをパートナーたらしめているのは、この交換不可能性、「失いたくない」という気持ちや思い入れではないか**と私は思います。マッチングアプリで初めて出会った相手は、その段階ではまだ恋愛の対象でもパートナーでもありません。一度だけ会ってそれきり会わなくても、未練もなければ「失恋した」という実感もないでしょう。その時点ではまだ交換可能な相手でしかないからです。

そこから先、「出会い」が「恋愛」になり、「パートナーシップ」へと発展していくためには、「その人であってほしい」「その人とこそつきあっていたい」という気持ちが生まれる必要があります。しかし、「自分のパートナーがその人であってほしい気持ち」は、いいことばかりではありません。自分がそういう気持ちになっても相手がその気にならないことだってあり得るでしょう。そうなったら未練も生まれるでしょうし、失恋は痛手になるでしょう。自分自身の構成要素の乏しい人にとって、このリスクは出会いや恋愛をためらわせたり、パートナーに心を寄せることを困難にするものになり得ます。なぜなら未練や失恋をそのように受け取ると、「自分は何者でもない」と感じる度合いがますます高まってしまい、それに耐えられなくなってしまうからです。

こういった人でもマッチングアプリは利用できます。パパ活やママ活や恋愛工学も、相手を好きにならない限りは使えるでしょうし、むしろ、相手を好きにならないことと
それらの相性はいいかもしれません。ところが、その相手のことを好きになり、「かけがえがない」と思えるようになって、もし振られたら「失恋」や「痛手」と感じられる程度に心を寄せられなければ、「親密さ」にたどり着くことはできないのです。

だから「何者にもなれない」と悩んでいる人には、本当の意味での恋愛やパートナーシップは困難です。片思いすら困難かもしれません。

恋愛やパートナーに依存し過ぎると重たくなる

さて、ここまで交換可能な相手との恋愛では「親密さ」にたどり着けないということを説明してきました。一方で、自分自身の構成要素の乏しい状態での恋愛や結婚には、

これとは別の問題が起こることもあります。

この章のはじめの方で、私は「アイデンティティの獲得が足りてない人が、一縷の望みを託して恋愛に飛び込むというパターンはよくある」と書きましたが、そのような人の恋愛や結婚はパートナーにあまりにも心理的に頼りきった、重たいものになりがちです。

アイデンティティが乏しく「自分は何者でもない」と感じている人が、恋愛や結婚をとおしてアイデンティティを獲得したと感じ、「自分はこの人のパートナーだ」と確信したとしましょう。そうなった瞬間はとても心地いいはずです。しかしこの場合、自分のアイデンティティも「自分が何者かになれた」という感覚もパートナー次第、ということになってしまいます。

経済用語に「モノカルチャー経済」という言葉があります。これは、アフリカなどの発展途上国がひとつの作物に経済的に依存している状態を指す言葉で、経済的に不安定であるといわれています。たとえばコーヒーしかつくっていない国は、コーヒーの価格が暴落したらたちまち経済的に困ってしまいます。コーヒー以外にもいろいろな経済活動のある国なら、コーヒーの価格が暴落しただけではそこまで困りません。

アイデンティティもこれに似ています。恋愛や結婚やパートナーシップに限ったことではありませんが、自分自身の構成要素がひとつのものに依存していると、どうしてもそこに頼ってしまいます。それがほんの少しでも動揺すると、たちまち不安になってしまい、より一層しがみついてしまいます。

恋愛や結婚やパートナーシップがアイデンティティと呼べる唯一のものになってしまっている人は、パートナーの顔色を過剰にうかがったり、パートナーの一挙一動を監視したり、パートナーの愛情を何度も確認せずにいられなくなったりしがちです。

そうした強いパートナーへのしがみつきは、一時的にはパートナーシップを強めるかもしれませんが、長期的にはパートナーを疲弊させ、やがてはパートナーシップが崩壊していく原因となっていきます。

時々、アイデンティティの乏しい「自分は何者ではない」と感じている男女同士が結びつくことがあります。この場合、男女双方がお互いを求め続け、それがお互いのアイデンティティの唯一の答えのようにも思えて、相互依存がどんどん深まっていくことがあります。ほとんどのカップルが即座に解体してしまいそうなハードな展開――たとえば、どちらかがもう片方に自殺のそぶりを見せて愛情を確認したり、どちらかがDVを繰り返し片方がそれに耐え続ける――でも、案外長続きしてしまうかもしれません。人間は、なけなしの、ようやく手に入れたアイデンティティのためなら、かなり無茶なこともやってのけるのです。

いまどきのパートナーシップはプライベートな領域での出来事とみなされ、他人が見聞きしたり干渉したりすることも少なくなりました。誰も知らないまま、とんでもない関係が長く続いていく場合もあります。それでも男女双方が幸せならいいのかもしれませんが、そのような関係はえてして不幸ですし、そこに子どもが生まれてくれば、今度は子どもが関係に巻き込まれることになります。

まずは恋愛以外の構成要素を揃えよう

「自分は何者でもない」と感じている人同士の恋愛や結婚を禁じる決まりはなく、実際にはそうした恋愛や結婚はどこにでもあります。また、アイデンティティが確立しきっていない時期の恋愛やパートナーシップにも意味や価値はあります。たとえば、先述したように初恋の頃の思い出は、忘れがたいものになるでしょう。

とはいえ、ここまで書いてきたことを振り返るにつけても、エリクソンが「親密さ」という課題をアイデンティティの確立の次の課題とみなしたのは、大筋では間違っていなかったのではないか、と私は思います。自分が「何者でもない」と感じている人の恋愛や結婚は、経験不足によってうまくいきにくいうえに、自分自身の構成要素においてパートナーが大きなウェイトを占めがちです。そうしたパートナーシップは自己中心的なものに陥ったり、大きな負担をパートナーに強いてしまったりする可能性が高いと言えます。また、性的関係を持つところまでは至っても、パートナーのことを本当に好きになれず、交換可能な関係に留まってしまったり、自分の意識の軸足をパートナーの方へと寄せていけないまま停滞してしまうことも多いです。

世の中には性的な関係は豊富でも本当に安定した恋愛や結婚ができない人、パートナーシップを構築できない人、一人の相手を本当に好きになったことがない人がたくさんいます。そのような人に本当に必要なのは、性的な関係を持つためのテクニックではなく、自分の意識の軸足をパートナーの方へと寄せていけるような心持ちだったり、そのためのアイデンティティの確立と獲得だと言えるでしょう。

もしあなたが「何者かになりたい」と思っている最中なら、原則としてそのためのトライアルや努力を続けるべきで、恋愛や結婚を焦り過ぎなくてもいいのではないでしょうか。

もちろん、結婚年齢が遅れがちなご時世で、高齢出産などの問題もありますから、いつまでも先延ばしにすればいいとは限りません。それでも、自分自身の構成要素が乏しいまま恋愛や結婚に臨むのと、自分自身の構成要素をある程度取り揃えたあとで恋愛や結婚に臨むのでは、パートナーシップの安定感が違ってきます。また、自分自身の構成要素と呼べるものを追求していれば、おのずとスキルアップやキャリアアップにもつながるでしょうし、人間関係のノウハウも蓄積していくはずです。そういった蓄積は、パートナーにも将来の家庭にもプラスに働くことでしょう。

今は恋愛がうまくできない人でも、アイデンティティの獲得・確立が進んでくれば自然に恋愛がうまくいく……なんてこともよくあるものです。とりわけ男性の場合、「自分は何者でもない」と思っているうちは、女性にそれを見抜かれてしまい、パートナーシップの相手として適さないとみなされてしまうこともあります。そういう人は仕事や友達関係や趣味に励み、自分自身のアイデンティティの獲得・確立を進めていきましょう。くやしい思いをした人は、そのくやしさをバネにするのもいいかもしれません。10代や20代の人がくやしさをバネに努力すると、驚くほど成長することがあります。「男子三日会わざれば刮目して見るべし」という言葉のとおり、あなたの次の恋愛は前とは違ったものになるはずです。

さて、次の章ではアイデンティティと子どもについてのいろいろな問題に触れていきます。

第 5 章

子ども時代の何者問題

子ども時代の経験が何者問題を簡単にも難しくもする

第4章でも触れましたが、父親と母親のアイデンティティの獲得・確立の程度は、夫婦のパートナーシップだけでなく、家庭のありようにも影響します。その家庭の子どもの置かれる立場や、子どもの心理的な発達にも影響するのは言うまでもありません。

2010年代から、子育てに問題のある親が「毒親」と呼ばれることが増えました。「毒親」とは、子どもにネガティブな言葉を投げかけ、束縛し、トラウマを植えつけ、心身をむしばむような親のことを指すのだそうです。

この言葉のルーツとなったとおぼしきスーザン・フォワードの『毒になる親――一生苦しむ子供』を読むと、子どものための行動ができない親、自己中心的であったり、自分自身の不安や葛藤に対応するのに精一杯な親の姿が、かなりきつい調子で綴られていると感じます。同じく、「毒親」という言葉を好んで用いる人たちからも、親に対する恨みや憎しみが感じられます。

じつは、こうした親子関係の問題は「何者かになりたい」という望み、ひいてはアイデンティティの確立や獲得の問題としても読み取ることができます。少なくとも、アイデンティティ論の生みの親であるエリクソンは、幼い頃の親子関係がまずければ、思春期になってからのアイデンティティの獲得が困難になるさまを、著書のなかで悲観的に書いていています。

エリクソンのアイデンティティについてのモデルは、20世紀に流行した精神分析という分野の考え方に基づいています。精神分析という分野の土台には「子ども時代の親子関係や体験上のトラブルが、思春期や青年期になって形を変えて現れる」という考え方があり、エリクソンのモデルも例外ではありません。

悲観的な考え方は流行しないので、本書もそれを避けるべきなのかもしれません。しかし、**「自分は何者でもない」と苦しむ人のバックグラウンドとして、親子関係の苦しみや子ども時代の不遇な環境が見つかるのはよくあること**です。虐待やネグレクトを受けてきた人、子ども時代に自分の意志表示がまったく無視され、親の意のままにされ続けてきた人は、思春期になって自分自身の構成要素を自分でつかみ取らなければならなくなったときに、どうしていいのかわからなくなってしまうことがしばしばです。

たとえば思春期まで親の言いなりになっていた人が、思春期になっていきなり「自立しなさい、自分自身の構成要素を自分で選ばなければならない季節ですよ」と言われて、すんなりと実践できるものでしょうか。

子ども時代から自分の好きなものを選べた人・自分が得意なことを自分で見つけて自分で育てていけた人なら、思春期以前にも自分自身の構成要素を選んできた経験があるので、自分のアイデンティティとすべきものを選ぶプロセスもそこまで困難ではないでしょう。しかしそういう経験を積む機会のなかった子どもには、これは一種の飛躍になります。

また、子ども時代に適切なコミュニケーションの経験を積めなかったことが災いし、思春期から複雑化していく人間関係についていけなくなり、自分が褒められたり評価されたりする機会が得られにくくなったり、コミュニティや仲間集団への所属が難しくなることもあります。

こうしたことを悲観的に考え過ぎてもいけない一方で、問題の根っこや背景について考えておくことには一定の意義があるとも私は思います。この章では、何者問題と子ども時代の経験や体験について考えていきます。

子どもは問題のありかに気づけない

アイデンティティを含めた子どもの心理発達の問題は、それが過去を振り返ることしかできない点も含め、だいたい厄介なものです。なかでも私が厄介と感じるのは、自分の家庭や環境に問題があっても、子ども自身はそれにタイムリーには気づけないという点です。

生まれて間もない状態の子どもは、自分の家庭環境や親子関係が適切か不適切か、まったく判断することができません。虐待やネグレクトに相当する家庭環境でも、「それが虐待やネグレクトに相当する」と知るすべがないのです。

また、虐待やネグレクトが繰り返されている家庭の子どもは、「将来アイデンティティが獲得しやすいように」育つのでなく、「虐待やネグレクトがあってもサバイブできるように」育ちます。クラスメイトと仲よくなったり社会適応に役立ったりするコミュニケーションを身に付けるのでなく、親からの一方的な指示や気まぐれのなかでも自分が破綻しないようなコミュニケーションを身に付けるのです。

幼い子どもに、自分の家庭とよその家庭、親子のコミュニケーションと社会で期待されるコミュニケーションの差を知るすべはありません。そして、核家族化したいまどきの子育て環境では、児童相談所が介入するような事態にでもならない限り、家庭や親子の間で起こっていることに誰も気づいてはくれません。

子ども自身が「自分の家庭はちょっとおかしいのではないか」「うちの親はよその親と違うのではないか」と気づくのは、早くて小学校時代の中頃、遅ければ思春期に入ってからではないでしょうか。今どきはテレビやインターネットがありますが、それらを自覚的に用いるのは簡単ではありません。最近は子守にスマートフォンが用いられることも増えていて、たとえば年収が低い家庭の親が案外子どもにスマートフォンを貸し与えているとも聞きます。それでも、「自分の親や家庭について情報検索する」という考えに至ること自体が子どもには困難です。

第3章で私は、負のアイデンティティの話をしました。かつては、恵まれない環境で育った人が思春期を迎えると自分の身の上の不幸を呪い、そこから〝グレ〟て、不良や暴走族に自分自身の構成要素を見出し、大人たちを困らせたものです。とはいえ、不良や暴走族がそのまま人生の行き止まりになったわけではなく、不良や暴走族のなかでの仲間意識や上下関係、さらに地元の元・不良や元・暴走族との関係のなかで社会に慣れ、成長していく道筋が残っていました。不良や暴走族はエリクソンに言わせれば負のアイデンティティということになりそうですが、それでも社会と縁が切れるわけではなく、成長していけるチャンスがあったと言えます。

ところが今は、不良や暴走族に相当するような、負のアイデンティティではあるけれども仲間意識や上下関係が持てて、やがて社会に慣れて成長していける道筋があまり見当たりません。家庭や親子関係の不遇に気づき、それを自分の身の上として、負のアイデンティティとして背負ってみたとしても、それだけではお互いを認め合ってメンバーシップを実感したり、社会へと慣れていったりするチャンスを得られる経路がないのです。

たとえば自分の親のことを「毒親」とみなし、自分はその親の被害者であることを自分自身の構成要素、アイデンティティとみなしたとしても、それを社会全般につながっていくための経路としたり、仲間意識や上下関係のなかでコミュニケーション能力を養う居場所とすることはできません。

ですから、もしあなたの親が「毒親」に相当するとしても、過去を振り返って得られる「毒親の子ども」という負のアイデンティティにはあまりこだわらないほうがいいかもしれません。

第二次性徴がギャップになってしまう

親との関係も含めて、子ども時代にも自分自身の構成要素に近いものはあります。ただ、そのありようはアイデンティティと呼べるものとはだいぶ異なっていて、思春期以降の人のように「何者かになりたい」と願ったり「何者にもなれない」と悩んだりすることはあまりありません。

子ども、なかでも乳幼児期の子どもには「自分」という感覚がまだ希薄で、親（または もっとも世話をしてくれる養育者）と自分自身との境目もあいまいです。たとえば赤ちゃんは「何者かになりたい」と考えたりしません。自分を抱っこして、世話してくれる相手とほとんど一心同体のようなもので、自分の感情と親の感情の境目すら曖昧です。生後1歳を過ぎ、自分で歩けるようになってくると、時々親から離れて自分で歩いてみて、それが身体的にも心理的にも親から離れていく最初期の経験として重要になってきますが、それぐらいの年齢の子どもも、まだまだ親と自分の境目は曖昧です。

保育園に入る頃にはもう少し親離れが進み、もっといろいろなことを自分でやりたがるようにもなり、親以外の他人、たとえば保育園の先生や同年代の子どもとも仲よくなっていきます。小学校にあがれば地域の子ども会の行事に参加したり、学校や稽古事の合宿などで親から離れて泊まることもあるかもしれません。「何者かになりたい」という願いはまだ強烈ではありませんが、この頃には自分がなりたいと思う職業、あこがれる年長者や格好いいと思える先輩を意識することも増えます。そうした意識のうえでスポーツクラブやプログラミング教室に通ったりする子どももいます。

こう書くと、小学生時代が思春期の手前の段階としてとても重要そうに読めるかもしれません。もちろん重要でないとまでは言えなくて、小学生時代に身に付けたスキルやコミュニケーションのノウハウ、友達との仲間意識や先輩・後輩といった上下関係の意識などは思春期から先にも役立ちます。

ところが実際には、小学生時代が充実・安定しているからといって思春期から先もそうなるとは限りません。むしろお手本のような小学生時代を過ごした子どもが思春期にアイデンティティの問題をこじらせたり、メンタルヘルスの問題に直面してしまったりすることは稀ではないのです。

アイデンティティの問題に直面し、不登校などの社会適応の問題を呈している思春期の症例や、うつ病なども含めたメンタルヘルスの病気に直面している思春期の症例を精神医療の現場で診ていると、小学生時代に大きな問題が見てとれる人はそれほど多くありません。それよりずっと多いのは、乳幼児期の親子関係や家庭環境に大きな問題がある症例です。

また、小学生時代と思春期の間にはとても大きな生物学的・社会的ギャップがあります。第二次性徴がやって来ると、自分自身の身体が大きく変わり、それまで当たり前だった自分自身のイメージも、それまで周囲から期待されていた振舞いや社会適応のテンプレートもすっかり変わってしまいます。小学生までの子どもに期待されるのは「子どもとしての振舞いや仕草」でしたが、思春期からは大人により近くなり、「男性／女性としての振舞い」も期待されるようになります。

ですから、小学生までに経験してきたものが通用しない状態にいきなり放り出され、自分自身の構成要素が白紙とまではいかなくても全面的に変わってしまった状態ではじまるのが、思春期なのです。

一般に、中二病が思春期の前半に起こるとされるのもこのためだと思われます。中二病になると、ちょっと無理のある大人びた行動をとろうとしたり、自分の飲み物や服装に変なこだわりを持ったりするものです。

中二病は大人から見れば未熟な振舞いにも見えますが、あれは「未熟でもいいから自分を何者かにしようとする試み」、つまり「ちょっと極端な振舞いや役割をとおして自分自身の構成要素を獲得しようとする試み」と理解できます。もちろんそれは時間をかけてできあがるアイデンティティに比べれば脆弱で、絵空事じみています。あとで思い出すと「どうしてあんな恥ずかしいことをやっていたのだろう?」と首をかしげたくなるものですが、それでも中二病をやらずにいられない程度には、思春期の前半におけるアイデンティティの空白と何者問題は大変だとも言えます。

いまどきは、中二病という言葉があまりに広く知られてしまい、小学生が中二病を笑うことさえあるそうです。でも、私は中二病のことをあまり笑わず、中二病になりたい青少年が中二病でいられるような世の中であってほしいと願います。なぜなら、中高生の段階でいきなり自分自身の構成要素と言えるものに恵まれる人はそれほど多くなくて、時には中二病のような試みが必要な時期もあるように思われるからです。

ですから、もしあなたが今まさに思春期で中二病だとしても、それを無理にやめる必要はありません。恥ずかしいと思ったときに、それは自然になくなっていくものです。そしてもしあなたが他の誰かの中二病を見かけても、どうかそっとしておいてあげてください。きっとその人は何者かになりたくて、そのためのスタート地点に近いところにいるのでしょうから。

学校や勉強はアイデンティティを与えてくれるか

子ども時代から思春期の前半にかけて、生活と学びの場は学校がメインとなります。大学院まで進学する人なら、思春期のおわりまで学校生活が続くことだってあるでしょう。もっとも、大学院まで進学する人の場合は就職もパートナーシップも学業によって引き延ばされ、いわば猶予期間も長くなります。高卒や大卒の人に比べて自分自身の構成要素が決まっていく時期も引き延ばされやすく、そのぶん思春期の課題であるアイデンティティの確立・獲得が遅れがちになります。

学校とそこでの学びは、いずれ卒業があることを考えると、最終的なアイデンティティの構成要素としてはあまり重要ではありません。学閥のような形で出身校が自分自身の構成要素として活きている人の場合は例外ですが、原則としては卒業によって過去のものになっていくアイデンティティだと言えます。

しかし、それでも学校は一時的なアイデンティティ獲得の場としてかなり重要です。

学校には同じ地域の子どもを集める機能や、目標を共にする子どもを集める機能があり、ひとつのクラスのなかにさまざまな考え方や趣味の子どもが集まるのが常です。部活動や同好会のような集まりもあります。これらの一つひとつが、認められたり褒められたりする機会、一人前扱いされる機会、仲間意識やライバル意識を持ちながらスキルアップに励む機会を提供してくれます。クラスメイトから教わった遊びやコンテンツが生涯にわたって手放せなくなったり、学校時代の人間関係が生涯のつきあいになったりすることもよくあります。

クラスでの人間関係や部活動での仲間意識は、それ自体がひとつのスキルやノウハウでもあります。たとえば、部活動で仲間意識やライバル意識を持って頑張れた経験が、社会人になってからの人間関係やスキルアップに活かされることはよくあることです。部活動や生徒会での活動がＡＯ入試などで高く評価されるのも、そうした活動をとおして得られる経験自体に大きな値打ちがあればこそでしょう。

加えて、在学中にクラスメイトから認められたり褒められたりする機会があり、仲間意識やライバル意識が持てる居場所が獲得できれば、「自分は何者にもなれない」と思い悩む程度は軽くて済みます。クラスメイトとの切磋琢磨や仲間意識をとおしてスキルアップも大きく後押しされるでしょう。第2章で私は「独りぼっちで勉強するより、友達やライバルがいたほうが勉強ができる」と書きましたが、これは学校生活にもそのままあてはまります。

このように、思春期がはじまって間もない中高生にとって、学校という場でクラスメイトとの輪のなかで自分が認められたり褒められたりできるのか、仲間意識やライバル意識が共有できるのかは死活問題です。

クラスメイトの輪のなかの人気者の領域、いわばスクールカーストの高い場所で安定した学生生活を過ごしてきた人は、そうしたものを獲得する機会にも恵まれやすく、結果として「何者かになりたい」という意識が過剰になりにくく、「自分は何者でもない」という意識に悩まされる程度も軽くて済みます。学生生活は充実したものと感じられるでしょう。

一方、クラスの隅っこの方で仲間意識をあまり持てなかった人、またはスクールカーストの低い場所で安定しない学生生活を過ごしてきた人にとって、学校という場は自分自身の構成要素を獲得するには足りないか、不向きな場所と感じられるでしょう。部活動や放課後も含め、学校生活のなかで自分自身の構成要素とみなせるものが見つけられず、居場所と言えるものも見つからない人は、自分はあまりにも何者でもなくて、まるで透明人間のようにさえ感じられて、いたたまれなくなり、学校に行けなくなってしまうこともあります。そのような人の学校生活での死活問題は、成績向上などではなく、自分自身の構成要素となり得るような人間関係や活動、居場所などです。

近年は、児童生徒の数が減っているにもかかわらず不登校が増え続けています。不登校が増えているということは、学校生活が充実していない人、自分自身の構成要素といえるものを学校生活のなかで見出せない人もまた増えていると考えられます。

もうひとつ、学校とアイデンティティの問題で難しいのは、受験勉強です。都市部を中心に中学受験をする小学生が増え、小学生時代から長い時間を受験勉強に費やさなければならない子どもが増えました。

受験勉強は、塾や予備校などで仲間意識やライバル意識がうまく芽生えてくれたり、好成績をおさめて表彰されるなどすれば、それ自体が一時的な自分自身の構成要素になるかもしれません。しかし基本的には、その苦労の多さの割にアイデンティティと結びつきにくいものです。また、受験勉強は親に多額の費用がかかり、子どもの将来がかかっているという意識が高まるものでもありますから、ともすれば「子どもが自分の意志で頑張っている」というより「親の意志によって頑張るよう強いられている」といった状況に陥りがちです。この状況も子どもが受験勉強を自分自身の構成要素とみなすにはまったく向いていません。**自分の意志でやっているという自覚が欠如し、他人にやらされている自覚の強いものを自分自身の構成要素とすること、ひいてはアイデンティティとみなすことは困難**だからです。

親に強いられるまま難関校に合格したまではよかったけれども、入学してから何をやっても自分自身の構成要素と感じられるものが見つからず、自分が「何者かになる」手がかりも見つけられず、結局退学してしまう人は案外います。そのような人のなかにはひきこもりになってしまう人もいますが、アルバイトの勤め先など、まったく関係のないところで活躍できる場所や居場所を見つけ出し、そこから自分自身のアイデンティティを獲得・確立していく人もいます。

受験勉強が必要とされる社会状況は理解できるとしても、受験勉強がアイデンティティを剥奪する場合には、親も子も想定していなかった方向に人生が向かっていくことがままあるので、注意が必要でしょう。

財産は相続できるが、「何者か」は相続できない

最近は各家庭の格差が取りざたされていて、さきに述べた受験勉強も含め、親の持っている経済力や「文化資本」「社会関係資本」が子どもの未来を大きく左右するといわれています。

「文化資本」とは、文化活動やマナーについての知識や習慣や文化施設の使い方など、「社会関係資本」とは、コネクション（いわゆるコネや顔利き）のことを指します。文化資本や社会関係資本は収入に直結しているわけではありませんが、高収入のコミュニティや高学歴のコミュニティにとけこんでいくことを助けてくれるため、結果として格差に関連していると考えられ、盛んに議論されています。

こうした文化資本や社会関係資本も含めて、親の持っているものは子へと相続されま

す。あるいは遺伝子もそうかもしれません。運動が得意な親、容姿の優れた親、勉強の要領がよかった親の子どもは、そうした素養を受け継いでいる可能性が高いものです。格差をロールプレイングゲーム風にたとえるなら、子どもの初期のステータスや初期の装備が違っているわけです。親から譲り受けたものによって、子どもの人生とその難易度が左右されるのは間違いないと思います。

しかし、「何者かになりたい」という本書のテーマで言うと、親から相続するものが大きければ大きいほどいいかというと、そうとも限りません。

たとえば親が高い年収や社会的地位を持っている場合、子どもはその親と見比べられてしまうことがあります。有名人の娘は有名人の娘として、大学教授の息子は大学教授の息子として周囲に見られ、値踏みされるわけです。子どもの側としては「自分は自分、親とは違う」と思っているのに、世間がそういう視線を押しつけてくるのは心地よいことではないでしょう。まして、「親と比べて劣っている」などと言われるならなおさらです。この場合、娘や息子は周囲のそういう視線をはねのけるか、避けながら自分自身の構成要素となるものを探していかなければなりません。

また、たとえば親が一流の研究者で、子どもにも研究者として十分な素養がある場合も、親の真似をし過ぎるとうまくいかずに苦しむことが多いようです。さきほど、親からは遺伝子も受け継いでいると書きましたが、それでも親と子は別の人間で、得意なものにも関心のあるものにも違いがあります。修行する時代も、社会から研究者として期待されるニーズも違うことでしょう。そうした違いを無視して親と同じになろうとしても、せいぜい親の劣化コピーにおわってしまうのが関の山です。親が一流で、その子どもが単なる劣化コピーになってしまったら、子どもの側は「自分は何者かになった」とは感じられないことでしょう。

親から子へさまざまなものが相続されるとしても、ことアイデンティティの相続はそれほど簡単ではなく、むしろ難しくなってしまうこともあるわけです。

私が見聞きしている範囲では、優れた研究者やスポーツ選手の子どもが二代目として活躍する場合、親の劣化コピーは上手に避け、受け継ぐべきものを受け継ぎながら親とは違った活動をしているケースが多いように見受けられます。たとえば、医学の世界で大学教授まで上り詰めた親の子どもが医療機器の開発で有名になるとか、伝統を蘇らせた和菓子メーカーが代替わりして革新路線に変わるといった具合です。ダウンタウンの浜田雅功さんと、その息子でミュージシャンのハマ・オカモトさんなども典型的ですね。

このように、継承はしているけれども同じではない親子は珍しくありません。子の世代に路線がガラリと変わったものの、孫世代になってもう一度路線が変わり、結果として先祖回帰することもあります。なんにせよ、継承すべきものは継承しつつ、親とは違った何者かになりおおせるのが、恵まれた家庭の子どもの「何者かになりたい」の定番ではないでしょうか。

いまどきは親の側もそうしたことを察していて、親自身が子どもにあれこれ教えるのを避け、信頼できる第三者に教育や修行を委ねることも多いよう見受けられます。子どもを親と同じようにしようと思っても劣化コピーにおわってしまいやすく、かえって子どものアイデンティティの獲得・確立に差し障るかもしれないことを思えば、それは賢明な判断なのだと思います。

結局、子どもは親からアイデンティティを相続しきれず、親と自分の違いを反映した自分のアイデンティティを獲得していくほかないのですから。

発達障害がアイデンティティにもたらす問題

最後に、発達障害がアイデンティティの獲得・確立にもたらす影響についても書いておきましょう。

発達障害とは、いわゆるアスペルガー症候群を含む自閉スペクトラム症（Autism Spectrum Disorder：ＡＳＤ）や、不注意や落ち着きのなさを特徴とする注意欠如多動症（Attention Deficit Hyperactivity Disorder：ＡＤＨＤ）や、読み書きや算数といった特定領域の学習ができない限局性学習症（Specific Learning Disorder：ＳＬＤ）などを指します。これらは子ども時代から明らかになる神経発達の障害で、コミュニケーションや社会生活や学習に支障を来しやすいとされています。

エリクソンがアイデンティティについて議論していた頃、まだ日本には発達障害という概念はなく、アメリカでもようやく発達障害が意識されはじめたぐらいでした。このため、エリクソンの書籍を読んでも発達障害という言葉は登場しません。

しかしエリクソンの書籍に書かれている、子ども時代の親子関係が難しかった症例を21世紀から読み直すと、親か子どものどちらか、または両方が発達障害だったとしてもおかしくないと感じることがしばしばあります。

子どもが発達障害として生まれてきた場合、親子のコミュニケーションの難易度は高くなり、ディスコミュニケーションに陥ってしまう可能性も高くなります。特定の音や手触りを嫌ったり、逆に特定の玩具や対象に関心が強過ぎて離れられなかったりすることもままあります。発達障害ではない子どもは問題なく育てられた親でも、発達障害の子を育てるのは苦労した、というのはよくあることです。親子両方に発達障害の傾向があった場合は、そうした難しさはさらに高まります。虐待やネグレクトに相当する事例を細かく調べてみると、親子双方に発達障害の傾向が見つかることも珍しくありません。

本章の途中で「毒親」についても触れましたが、「毒親」と呼ばれる親の側にも、親のことを「毒親」と呼ぶ子どもの側にも発達障害が見つかることもあり、この場合、親の育て方がどうこうという以前に親子どちらか（または両方）の発達障害傾向こそが問題の核心だった、というパターンもあり得るのです。

発達障害の人が学校や職場で自分自身の構成要素を見つけていくのもしばしば大変です。ＡＳＤの人が仲間意識を持てるグループや居場所にとけこみづらいのはありがちなことですし、ＡＤＨＤの人は学校で行儀よく授業を受け、遅刻も忘れ物をせずに学校に通い続けること自体が大変なこともあるでしょう。

子どもが思春期を迎える頃にはコミュニケーションが急速に複雑化し、子ども時代に通用していたやり方が通用しなくなり、もっと大人寄りのコミュニケーションをしなければならなくなります。これも発達障害の人には試練になりがちです。

これらすべての結果として、発達障害の人が「自分は何者にもなれない」という悩みを募らせるのはありがちな状況です。クラスメイトとの人間関係や学校に苦手意識を持つようになり、実際そこでなんらかのディスコミュニケーションや不適応があると、学校生活のなかで自分自身の構成要素を持つことが困難になってしまい、それに伴って、学業を含めたスキルアップも停滞してしまいます。

発達障害は、日本では20世紀の終わり頃から精神医療の世界で診断されはじめるようになり、2010年代には多くの人の知るところとなりました。逆に言えば、それまでは発達障害は知られておらず、また診断される必要もあまりなかったとも言えます。前世紀の学校や社会には発達障害にあてはまる人がたくさんいて、発達障害の人でもできる仕事、むしろ発達障害の人だからこそうまくこなせる仕事もたくさんありました。

たとえば昭和時代には切符を切り続けるだけの駅員さんや、伝票を計算するだけの事務員さんなどもいて、そういった人々も社会に欠かせない存在でした。学校生活も令和とはだいぶ様子が違っていて、発達障害にあてはまる人でもなんとか社会へととけこんでいくパターンがしばしばありました。

今の世の中にも、発達障害にあてはまるけれども学者や作家や起業家として活躍している人がところどころいて、そのこと自体は希望に違いありません。他方で、そのように活躍している発達障害の人はまだまだ多くありません。むしろ輝いて見える彼らと我が身を比較し、「自分は何者でもない」という思いを強めている人もいます。

昭和から令和にかけての社会の変化は、発達障害にあてはまる人が何者かになっていきづらい変化、発達障害の人に最適な職業や居場所がなくなり続けていった変化でした。未来においては、発達障害が「障害」などと呼ばれない社会になってもらいたいものですが、さしあたり今は発達障害にあてはまる人に相応の支援を行っていくことが必要だと思います。

第 6 章

大人になってからの何者問題

中年になっても残る何者問題

第1章では肩書きを持った人でも自分が「何者でもない」と感じることがある話などを紹介し、第2章では「集まっている自分たち」や「おれら・わたしら」といった仲間意識がもたらす影響について書きました。第3章ではアイデンティティという概念をとおして何者問題を捉え直し、第4章では恋愛や結婚について、第5章では子どもの何者問題を取り上げました。

ここまでお読みになり、中年になってまだ「何者かになりたい」と思っている人は一体なんなのか、それは思春期の揺り戻しのようなものなのか、と疑問を感じた方もいらっしゃるかもしれません。

私は「アイデンティティの確立は思春期の課題」だと述べてきました。「何者かになりたい」という願いや「自分は何者でもない」という悩みが増すのは、なんといっても

10代から20代にかけて、そして仕事やパートナーシップなどがまだ定まっていない時期です。40代、50代になってもなお、思春期の頃とまったく同じ強さで「何者かになりたい」「自分は何者でもない」と思い続ける人、思い続けられる人は本当に稀です。ほとんどいないと言っても差支えないでしょう。

ところが、仕事がだいたい安定してパートナーや家庭を持っている人でさえ、意外に「何者かになりたい」という思いがくすぶることはあるものです。あくまで*くすぶり*で、思春期の頃のような死に物狂いの思いとはなりにくいのですが、意外に少なくない中年男女がそうした思いを抱えていたりします。

たとえば私自身、年を取るにつれてそうした思いはだいぶ薄まってきたにせよ、自分自身のアイデンティティが揺らぐ瞬間はまだ残っています。それは自分自身のこれからの構成要素にもう少し欲目を求めたくなったときや、自分自身の構成要素が抜け落ちてしまったと感じたときにふっと心をよぎるものです。それほど強い揺らぎではないにせよ、悩みがなくなったと言い切れるほど弱いものでもありません。

私個人の話をもう少しすると、私は30代から家庭を持ち、一人の父親になっていきました。これらは私自身の構成要素が増えて、アイデンティティを獲得・確立していったプロセスと言っていいように思います。その一方で、私は若者から中年になり、自分自身の構成要素から「若者」という属性や性質がなくなっていくのを強く感じました。また、私は学生時代からゲームをやりこんでいて、シューティングゲームといわれる分野ではちょっとした腕前だと自分のことを思っていましたが、年を取るにつれて動体視力が衰え、練習時間も少なくなり、「シューティングゲームが上手な自分」というアイデンティティを維持できなくなってしまいました。アニメも好きで、今でも頻繁に見ていますが、自分のセンスと最新の作風とのギャップを感じるようになっています。

このように、人は変わり続けていくものです。それはアイデンティティの獲得や「自分が何者かになっていく」というプラスの変化だけでなく、アイデンティティの喪失や「自分が何者かではなくなっていく」というマイナスの変化を含んだものです。

この第6章では、そういう中年になってからのアイデンティティに起こる、さまざまな何者問題について紹介していきます。

「何者かになれる最後のチャンス」に賭ける中年

思春期に比べると、中年期は自分自身の構成要素、つまりアイデンティティが安定しているのは先に述べたとおりです。仕事も人間関係も趣味も安定していることが多く、そうした安定した時期を子育てや後進の指導に費やす人もたくさんいます。自分自身のアイデンティティをどうこうするには向いていないとしても、自分以外の誰かを育てるにはなかなか適した時期です。

ですが先にも触れたように、中年になったからといって「何者かになりたい」という気持ちが完全になくなるわけではありません。「本当はもっと凄い肩書きや、アチーブメントを手に入れたかった」という気持ちを抱えながら働いている中年、「本当はこんなはずじゃなかった」と思っている中年もたくさんいます。思春期に手に入れたかった自分自身の構成要素と、実際に中年になって手元に揃っている自分自身の構成要素のギャップの大きな人、いわば思春期に未練を残している中年にとって、そういう「何者かになりたい」問題のぶり返しは、無視できるものではありません。

時に、そうした中年が唐突に思春期のやり直しのような行動をとることがあります。中年期も半ばになった頃に、人生の最後の輝きとばかり、今までの仕事をやめて自分がしたいことに全力を尽くす人、パートナーや家族を捨てて若い愛人のもとに向かってしまう人などがその例です。穏当な場合には、脱サラの成功者という形をとることもあります。

若い人から見て、そうした中年の〝暴走〟は奇妙なものに見えるかもしれませんが、私にはなんとなくそうした気持ちがわかる気がします。思春期に比べると、中年期は人生の残り時間の短さと過ぎてしまった時間の大きさを意識せずにいられない時期です。健康が少しずつ損なわれ、社会的な立場や役割も変化していくなかで、「自分が何かに挑戦できるチャンスがあと何回ぐらいあるのか、そもそもこれが最後のチャンスではないか」と意識させられる場面がたくさんあります。

「思春期だって残り時間は強く意識する」とあなたはおっしゃるかもしれません。確かに私もそう思っていました。実際問題、高校3年生の夏は一度きりですし、就活の旬の時期も一度きりなわけですから。

ではなにが違うのかというと、可能性の有無でしょうか。中年期から見た思春期は、高校3年生の夏が一度きりでも大学になればまた夏が来て、就活の旬の季節が過ぎてもチャンスのある時期です。何者かになれる可能性、人生のページの余白がたっぷり残った時期でもあります。ところが中年の身の上には、何者かになるための時間や若さがありません。人生のページの余白もだいぶ少なくなっているのです。「今は何者でもなくても、将来はまだ決まっちゃいない」という言い訳も、中年にはできません。

人生のページの余白が乏しくなった中年が、自分の人生をやり直せるかもしれない最後のチャンスらしきものに出会ったとき、それを素通りするには努力が必要になります。自分自身の構成要素のうちに納得しかねる部分を持っているなら、とくにそうでしょう。社会的な立場も含め、すでにアイデンティティの構成要素となるものを持っている中年が思春期のやり直しのようなことをすると、それが社会的生命にとって命取りになることもあり、しかもやり直しがききません。それでも清水の舞台から飛び降りてしまう中年の心理は、一種独特の境地と言わざるを得ません。

自分自身の構成要素が失われるとき

中年が自分自身の構成要素を失ってしまうのはかなりの痛手です。さきほど私自身の例としてゲームやアニメについていけなくなった話を書きましたが、私にはゲームやアニメ以外にもアイデンティティの構成要素があるうえ、それらがまったく楽しめなくなってしまったわけではないので、痛手というほどではありませんでした。

しかし、もし私自身の構成要素がゲームやアニメ以外にはなかった場合、私は自分のアイデンティティがごっそり抜け落ちたような感覚に陥って、「アニメ愛好家やゲーム愛好家としての自分自身ではいられなくなったら、自分はもう何者でもないじゃないか」と、アイデンティティの危機に陥ってしまったことでしょう。

精神医療の現場では、こうした中年期のアイデンティティの危機がうつ病などの精神疾患へと発展してしまった患者さんをしばしば見かけます。

よくあるパターンのひとつは、仕事や事業に時間や情熱を尽くしてきた人が、なんらかの理由で仕事や事業を続けられなくなってしまった場合です。この場合、収入や外聞といった世間的な問題に加えて、自分自身のアイデンティティの大部分を占めていたものを失ったあとでどうやってそれを再構築するかという、難しい問題に迫られます。

これが思春期の人なら、まだ時間の余裕があり、社会的にも再就職や再就学のチャンスも多く、そもそもアイデンティティが形成途上なのでやり直しがしやすいでしょう。しかし、時間の余裕がより少なく、一度アイデンティティができあがってしまった中年がそれをやり直すのはなかなか大変です。

またもうひとつ、精神医療の現場で馴染み深いのは、生まれながらに健康でバイタリティに満ちた社会生活を送っていた人が、初めての病気で同じ生活を続けるのが難しくなってしまい、自分自身のアイデンティティも維持できなくなってしまった果てに、精神疾患へと発展してしまうケースです。

健康でバイタリティに満ちた社会生活を続けていた人は、しばしばそのバイタリティにふさわしい社会活動を実践し、人間関係もしっかりつくっています。アイデンティティの構成要素は多種多彩なことが多く、他人がうらやむような人生を過ごしている人も珍しくありません。また、これまで活発で健康だったことから、自分自身の構成要素として「健康な自分」というイメージをしばしば持っています。

ところが、癌や脳梗塞などの大きな病気を経験し、そのバイタリティに陰りが生じると、このような人はアイデンティティの危機に直面してしまいます。

アイデンティティの構成要素が多種多彩であることは、基本的には望ましいことです。ゲームとアニメだけがアイデンティティの構成要素である人と、それらに加えて仕事や家庭や地元の草野球チームがアイデンティティの構成要素である人を比べるなら、後者の方がゲームやアニメに頼りきりになりにくく、それらが楽しめなくなったとしてもアイデンティティの危機に陥るリスクはあまりありません。

しかし、バイタリティ頼みにたくさん活動し、たくさん人間関係を築いていた人がそのバイタリティを失ってしまうと、まさにその多種多彩なアイデンティティを支え切れなくなってしまいます。小さい頃から揺るぎなかった「健康な自分」というイメージまで失い、そのうえ精神疾患まで患ってしまうと、再出発は簡単ではありません。

中年期はもう、自分自身の構成要素を探し求める時期というより、すでに何者かになった・なってしまったあとの時期です。それだけに、せっかく手に入れ、十分に馴染んだアイデンティティの構成要素を失ってしまったときの再出発はなかなか大変です。そうして、思春期とはまったく違った形で「自分はいったい何者なのか」という問いがよみがえったり、「自分はもう何者でもないのではないか」という疑いが生まれることがあるのです。

「父や母としての自分」というアイデンティティ

中年の何者問題の助けにもなり、危機の源にもなり得るものとして「父や母としてのアイデンティティ」についても触れておきます。

第4章で触れたように、順当にアイデンティティを獲得・確立し、親密なパートナーシップを築けた男女なら、お互いが自分のことしか考えない関係ではなく、パートナーとの未来のことが考えられる関係、ひいては家庭や子どものことが考えられる関係を築く準備ができています。そのような男女が子どもをもうけると、「自分たちが最優先」の生活から「子どもが最優先」の生活に移行するのもそれほど難しくありません。

子どもが最優先の生活になった男女には、「自分がこの子を育てなければならない」という自負と責任が生まれ、「○○の父・母」という意識が強まります。この感覚は親になった男女に「○○の親としての自分」というアイデンティティを与えてくれると同時に、子育てするモチベーションをも与えてくれます。もし、この意識とアイデンティティが伴わなかったら、親は子育てのモチベーションを得られません。生まれて初めて子育てを経験する人にとって子育ては大変な難事業ですから、モチベーションもアイデンティティも欠如した子育ては、虐待やネグレクトのリスクを高めてしまいます。

実際、私が見聞きしている限りでは、思春期のアイデンティティの獲得・確立がまったくできていなかった男女が子どもをもうけると、子育てのモチベーションや「○○の親としての自分」というアイデンティティが伴わず、結局子育てが続けられないことがままあるよう見受けられます。

一方、これと逆の事態が起こってしまうこともあります。子育てのモチベーションと親としてのアイデンティティが獲得できたのはいいけれども、それらが強くなり過ぎてしまうケースです。この場合、子どもの教育に対する姿勢が過剰になってしまったり、親離れ・子離れがなかなか進められず、いつまでも子どもに干渉したり、世話を焼き過ぎたりしてしまうことがあります。

子育てを始めた段階では赤ちゃんはまだ何もできないので、親が全面的に関わる必要があります。そうした関わりの度合いは子どもの成長と共に変わっていき、少しずつ親の手から離れていくのが望ましいでしょう。少なくともエリクソンによるアイデンティティ論にはそのようなニュアンスがあるのですが、現実にはこれが簡単ではないようです。

理由の一端は、昭和以前に比べて子育てが地域の活動に委ねられなくなり、子育てが親の自己責任とみなされるようになった社会の変化にあると私は考えています。

実際、いまどきの子どもが中学生や高校生になったからといって、親の責任はほとんど軽くなりません。本来なら親離れ・子離れのためにも子育てのモチベーションと責任がだんだん小さくなり、親自身のアイデンティティに占める「○○の父・母」の割合も小さくなっていくのが望ましい形です。しかし、責任は今までどおり負って、経済的にはますます負担を背負うのが、いまどきの子育ての後半戦です。

これは矛盾したトライアルと言わざるを得ません。たとえるなら、勉強が得意な子に「勉強のモチベーションを減らしなさい、勉強にアイデンティティを感じないようにしなさい」と命じながら、それでいて「テストの点数は今までと同じか、それ以上にしなさい」と命じるくらいの矛盾ではないでしょうか。

もうひとつの理由として、親自身の心理的な問題も挙げておきましょう。親自身のアイデンティティの構成要素として「○○の父・母」が占める割合が高く、なおかつ思春期に獲得したかったアイデンティティに未練を残している場合は、子育てをとおして未練を埋め合わせようとしてしまう場合があります。

たとえば、思春期に勉強ができず未練を感じている親が子どもに猛勉強を強いて、子どもを高学歴にしようとする場合、自分自身は高学歴になれなくても、「高学歴な子どもの親」というアイデンティティは獲得できるかもしれません。子どもを我が身のように思う親にとって、子どもが高学歴になることと自分自身が高学歴になることは、主観的にはそれほど違いません。

このように、我が子かわいさ（それとも我が身かわいさと言うべきでしょうか）ゆえ、子どもに自分の夢を仮託してしまう親が後を絶ちません。それが長く続いた場合、親のアイデンティティのいわば敗者復活戦にはなるかもしれませんが、子ども自身のアイデンティティの獲得、子ども自身が何者かになっていくプロセスとしては空疎なものになってしまうでしょう。なぜなら、猛勉強することも難関校に合格することも、「自分が何者かになるためのプロセス」ではなく、いわば「親が何者かになるためのプロセス」に変質してしまうからです。

死別に伴う危機

こうした親離れ・子離れの問題に加えて、年を追うごとに「死別」というまったく別の問題も浮上してきます。

今の時代は医療が進歩しているので、10代や20代のうちに死別を経験することはあまりありません。万が一、自分自身の構成要素と言える人と死別を経験したとしても、その人に相当する別の誰かにめぐり合い、やり直す可能性はまだまだあります。

それでも死別はなかなか忘れられないものです。親しい人が死去したとき、よく「心にぽっかりと穴があいたような気持ち」という表現がされます。そのような場合、自分自身の構成要素の一部をなしている人が急にいなくなることで、実際に自分のアイデンティティに空白が生じているのです。

長年ファンをしていた有名人が亡くなったときにも、こうした心境はしばしば起こります。有名芸能人や有名スポーツ選手の葬儀に隣席し、献花している人は、亡くなった人に別れを告げると同時に、空白になってしまった自分自身の構成要素にも別れを告げているると言えるのではないでしょうか。

パートナーとの死別ともなると、その影響と空白は巨大です。親密さを育み、一緒に家庭を守ってきた片割れとの死別は、時に文字通り半身を失うような喪失になり得ます。パートナーを失ってから生きる気力を失い、そのまま亡くなってしまう人さえいるほどです。

現代では、そのようにして生きる気力を失った人も精神科を受診し、うつ病などの精神疾患として治療され、自分自身の人生を取り戻すよう援助を受けることでしょう。とはいえパートナーとの死別を結局埋め合わせきれないまま、失意のうちに余生を過ごす人をゼロにすることはできません。

このパートナーとの死別可能性も含めて、長く生きれば死別という問題は必ずやってきます。人ではない場合も、組織の解散やグループの解散、自分が大切に思っていた行事の打ち切りなどは死別に近い経験となるかもしれません。

ことアイデンティティに関して言えば、**高齢になることとは、死別や解散や打ち切りによって自分自身の構成要素が虫食い状に失われ続けていくことでもあります。**介護や看護の都合で住み慣れた土地や家を離れ、遠い介護施設に入所しなければならない際にすっかり落胆する高齢者がいるのももっともなことです。住み慣れた土地や家は、その高齢者にとってまさに自分自身の構成要素、アイデンティティだったでしょうから。

こうした高齢者の身の上を考えると、明るく生きている高齢者は本当にタフで凄いと、私は思わずにいられません。街角ですれ違う高齢者たちだって、少なくない死別を経験し、自分自身のアイデンティティの構成要素と言えるものを失ってきたことでしょう。健康を失い、肉体的ハンディキャップを抱えながらも何者かでい続けられる高齢者や、インターネットを巧みに使いこなして活躍している高齢者などは、本当はとても凄い人々なのではないでしょうか。

昭和時代の高齢者に比べると、令和時代の高齢者は見た目が若く、死別を経験している度合いもいくらか低いでしょう。それでも彼らとて何度かの死別を経験し、自分自身の構成要素だったはずのものを失い、きっと中途中途で新しく構成要素を拾い集めながら生き残ってきたサバイバーには違いありません。

少子高齢化が進み、テクノロジーの進歩によって高齢者ならではの知恵やノウハウが時代遅れになっている昨今は、高齢者に対する風当りは強くなっていると感じます。そうした時代のなか、高齢者を敬うこと、高齢者に配慮することも難しくなっています。

しかし、**アイデンティティの観点から見た高齢者とは、たくさんの喪失を経験してもなお何者かでありつづけてきた凄い人、または何者かになりきれなかったとしてもそこまで生き続けてきた、年の功が感じられる存在**だと私は思います。

たとえ儚い夢だとしても、私たちは「何者か」だ

この章では、中年期から先のアイデンティティの諸問題について紹介してきました。ここまで読み、人間の一生の儚さ、せっかく思春期に頑張って寄り集めた自分自身の構成要素とアイデンティティの行く末に悲観的になった方もいらっしゃるかもしれません。

まあ、この点については、**「仕方がないじゃないですか?」**と私は言ってみたいです。もともと人間とは生まれてから死ぬまで変化し続けていくもので、どこまでも変わり続けていくものなのですから。

人間の命は、宗教の存在感を希薄にする程度には長くなり、あっという間に死んでしまう人は少なくなりました。新型コロナウイルスですら、過去の人類史におけるパンデミックに比べれば死の危険はまだ小さめのようです。それでも私たちの命は有限で、いつか私たちは必ず死にます。少しぐらい長生きする人もいますが、人生の旅路が長けれ

ば、そのぶん別離や喪失も多く経験するでしょう。そして社会はといえば、私たちの命とアイデンティティを振り落とさんばかりのスピードで変わり続けています。

私たちも、その私たちのアイデンティティの構成要素となるさまざまなものも、生まれてから死ぬまで不変のものは数えるほどしかありません。仕事や肩書き、SNSのアカウントも、「集まっている自分たち」や「おれら・わたしら」と感じる集まりもいつかは失われるでしょう。本当は不変ではないものをさも不変であるかのように期待し、自分自身の構成要素として感じてしまうのが人間です。そうせずには私たちは生きていけないのでしょう。


アイデンティティについての論者のなかには、「いつまでも思春期の気持ちでいればいい」「何者にもならないままの境地でいられる人こそが現代社会では最強だ」といったことを述べた人もいました。もし本当にそのような心持ちでいられる人がいたとしたら、このスピードの速い社会でもっと柔軟に生きていけるのかもしれません。

しかし、それは人間の性質を度外視した理想論でしかありません。実際の人間はそんな風にはできておらず、そのように生きようとしても、私たちは自分自身の構成要素を、アイデンティティを求めずにいられません。

どれほどアチーブメントしても、どれほど強力な「集まっている自分たち」や「おれら・わたしら」を獲得しても、なお思春期の気持ちのままでいるといえば聞こえがいいですが、それは「何者かになりたい」という願望から自由になることではなく、いつまでも「何者にもなれない」という悩みの牢獄から抜け出せない境地を生きる、ということでもあります。ついでに第4章のロジックで言うと、いつまでも思春期の気持ちのままの人とは、本当の意味でパートナーシップをつくることのできない、誰かに心を預けきれない人ではないでしょうか?

実際に「何者かになりたい」と願わなくなるのは、むしろ自分自身の構成要素が充実したあとの中年期や、アイデンティティの喪失とうまくつきあいながら年を取り続けた老年期の方だと思います。

悟りの境地を開いた人から見れば、移ろいゆくさまざまなものを自分自身の構成要素として集め、それでもって自分はこういう人間だと実感し、「何者かになった」と感じている私たちは、儚い夢を集めて一喜一憂しているようにうつるでしょう。それでも私たちのほとんどは悟りの境地には至らず、そうやって永遠ならざるアイデンティティを追いかけ、メンテナンスしたり継ぎ足したりしながら生きて、やがて死んでいきます。

私はそれでいいと思いますし、そのように生ききってみたいと願っています。また、そのように生きる人間のことも自分自身のことも嫌いにはなれません。

「何者かになりたい」という願いや「何者にもなれない」という悩みは、若い頃にはありがちで、年を取っても人生のさまざまな場所で蘇ってくる、なかなか面倒なものでもあります。でも、そうした願いや悩みのおかげで、私たちがスキルアップやアチーブメントに向かって努め、人の環をつくり、パートナーや家族のことを大切にできるのだとしたら、アイデンティティを求めずにいられない性質を形づくった神様（または進化の配剤）はなかなかいい仕事をしたと思わずにいられません。

願いや悩みがあるのも悪いことばかりではありません。それらのおかげで大成した人、みんなと一緒にいられる人、社会についていける人もまた多いはずです。「願ったとおりの何者か」にはなれなくても、「そうでない何者か」になって、案外よかったと思える人もまた多いものです。**「何者か」にはきっとなれるし、ならずにはいられない**

とも言えます。

だから、本当はそれほど悲観する必要はありません。たとえいつか失われるものだとしても、何者かになろうとする、何者かでいようとする、それでいいのではないでしょうか。

少なくとも私は、アイデンティティが永遠でないとしても、それを求め、生きていく私たちの営みが無意味だとは、どうしても思えません。

補　論

何者問題への
処方箋

個人的なアドバイス

「何者かになりたい」という気持ちと年齢ごとに出くわす課題については、ここまでの章で述べてきました。自分自身の構成要素、つまりアイデンティティの獲得・確立が思春期の心理的な課題として重要であること、中年期以降もライフイベントによって自分自身の構成要素が失われたり、新たに加わったりすることで変わり続けながら生きていくこともご理解できたのではないかと思います。

さて、ここでこの本をおわりにしてもいいのですが、最後に、あまりまとまっていないかもしれませんが、「何者かになりたい」と願う人に個人的なアドバイス……というか、メッセージを書いておきます。

これから書くことは、エリクソンのアイデンティティ論を踏まえて書いたというより、私自身が何者かになろうとがんばっていたプロセスや仲間たちが何者かになっていったプロセスをとおして見知ってきたこと、エリクソンが活躍した頃のアメリカと現在の日本を比較して想定せずにいられないことをまとめたものです。
今までの章以上に勇み足な内容かもしれませんが、あくまでひとつの意見としてご覧になってください。

意識していないなら、それもよし

この本は全体的に「何者かになりたい」と願う人、「何者にもなれない」と悩む人を想定して書いてあります。そうしたアイデンティティの獲得・確立を人間が必要としている、とも前章には書きました。ところが、そうした願いや悩みをほとんど意識しないで生きている人もまれにいます。

思春期の真っ最中なのに何者問題を意識しない人の典型は、「自分とはなにか」を考えるまでもなく、その場その場の人や場面に合わせ、なんらかの役割を引き受け、居場所を獲得できている人です。そういう人は、他人から自分がどう見えているのか・どう評価されているのかを気にする素振りもありません。そのぶん、際立った野心を持っている人は少ないようにも見えます。というのも、「何者かになりたい」というモチベーションがないので、野心に駆り立てられることがないからです。そんなモチベーションを持つまでもなく、家族や地域や学校や職場でなんらかの役割や居場所を獲得し、結果としてアイデンティティを獲得・確立できて不足感がない。そんな人は、アイデンティティに関する欲求が見かけ上、ないかのように見えます。

いまどき、そのような人はそれほど多くありません。そのような人は無条件に家族に愛され、よほど地元や学校での人間関係に恵まれ、その状態が就職後も円満に続くような人でしょう。そうした状態を維持できるほどコミュニケーションが上手な人でもあります。自分自身の構成要素を探すのに一生懸命な人から見れば、羨ましい人、なにもかも充実している人とうつるかもしれません。

このような、意識するまでもなく自分自身の構成要素が勝手にできあがる人は、それはそれで望ましい状態なので、わざわざ「何者かになりたい」とか「何者でもない」と意識しなくてもいいと思います。基本的には無事平穏に人生を歩んでいきやすいでしょう。

この本は、そういう稀な人を想定読者としていないので、あなたがそのような人である可能性は低いと思っています。ですがもし、あなたのお知り合いでそのような人がいたら「ああ、あの人は『何者かになりたい』と意識しなくていいレアなタイプの一人なんだな」と思っておいてください。とても恵まれた人だと思います。

あなたは犬派？ 猫派？

あなたが「何者かになりたい」と強く願ったときには、自分自身の構成要素としてなにを望むのか、なにが自分にとって手近で実現可能性が高いのかあれこれ思案することでしょう。なかには、本能的・直感的にそれが察せられて、考えるまでもなくそれをやってのける人もいらっしゃるに違いありません。
正反対に、自分自身の構成要素、つまりアイデンティティの獲得の方向性がなかなか決まらない、自分がどういう自分になりたいのか、どういう人間関係や仕事や趣味が自分に似合うのか想像しづらいという人もいらっしゃるでしょう。そうした迷いをお持ちの人向けに、ここでひとつ質問をしてみます。

あなたは犬派ですか？　それとも猫派ですか？

ここで尋ねる犬派・猫派とは、家族として暮らすなら犬か猫かという意味ではなく、あなた自身を動物にたとえるとして、犬と猫の二択だったらどちらが似ていますか、という質問です。

ここで「犬派」と答えた人は、そうですね、犬派らしいアイデンティティの求め方をしてみてはいかがでしょうか。
ご存じのとおり、犬は社会的生物で群れをつくり、序列をつくります。そんな犬に近いとあなたが感じているなら、あなたのアイデンティティの構成要素として、「仲間意識を持つこと」「所属するに値するグループの一員であること」は、肌に合いやすいかもしれません。別に、グループの指導者やナンバーワンになる必要はありません。仕事の世界で出世しなくても、他人と比べて偉くなくても、自分にしっくりくる組織・仲間・コミュニティと共に生きていけること自体が好ましく感じられる人は、それらへの所属を軸に、そこに個人的なアイデンティティをいくらか獲得するような生き方の方が生きやすく、不満も少ないでしょう。

昭和時代は、よくも悪くもこのような生き方で生き切る人がたくさんいました。よくも悪くも、というのはこのように生きたくない人には他の選択肢があまり与えられていなかったからです。その当時に比べると、令和時代は所属できる先が自由に選べる点で融通がききます。そのぶん、同じ組織・同じ仲間・同じコミュニティと共に生き続けていくには工夫や甲斐性が必要にもなりましたが。

とはいえ、第2章でも触れたとおり、学校、職場、SNSを問わず人は今でも群れ集まるものです。「集まっている自分たち」や「おれら・わたしら」をとおしてアイデンティティを獲得する人は令和時代になっても絶えません。さきほど犬派と答えた人は、自分が所属したい場所や過ごしやすい居場所などを探すことを「何者かになる」にあたっての方法や道筋として重視してみてはいかがでしょうか。

では、「猫派」と答えた人はどうでしょう。猫は基本的には群れや序列をつくらない動物です。時に「猫の集会」といわれる謎の集まりをつくることはありますが、基本的には一匹狼、ならぬ一匹猫でしょう。

猫派と答えた人は、組織や仲間やコミュニティを自分自身の構成要素と感じるより、煩わしく感じたり、一定の距離を置いていたい気持ちが勝るのではないかと推察します。人間は群れて生きるものですから、完全な孤独というのはあり得ません。だとしても、「集まっている自分たち」や「おれら・わたしら」を少なく済ませたい人はやはりいらっしゃるでしょう。

個人主義が尊重されるようになった令和時代は、昭和時代に比べてそのような人が生きやすい社会環境になっていると思います。自分自身のスキルアップやキャリアアップのために次々に職場を変えていく、なんなら職業すら変えていくことが一部の例外ではなく、よくあることとなりました。また、SNSや動画配信をとおして個人として影響力を獲得していく人も今では珍しくありません。

猫派だと答えた人は、自分自身のスキルアップやキャリアアップ、影響力の向上やアチーブメントを「何者かになる」にあたっての方法や道筋として重視するのがいいように思います。その際には、第1章でも触れたように「チヤホヤされると悩まなくなる」ことに惑わされないように注意してください。世の中には、人をチヤホヤしながらスキルアップやキャリアアップの紛い物を売りつけようとする人もたくさんいますから。

「当たり前過ぎるかけがえのなさ」を手放すな

「自分は何者でもない」という悩みよりも「何者かになりたい」という願いが優勢な人の場合は、自分自身の構成要素、すなわちアイデンティティが現段階でもある程度は揃っていることが多いです。だからこそ、「何者かになりたい」と願うことはあっても「自分は何者でもない」という悩みが深刻にならずに済んでいるわけですから。少し前に挙げたような、この手の願いや悩みとは無縁の人の場合はなおさらでしょう。

そうした、すでに自分自身の構成要素になっているもののなかには、かなり努力して手に入れ、だからこそ大切に思えるものもあるに違いありません。一方で、「いつの間にか手に入ったからまともに意識したこともないもの」もあるのではないでしょうか。

アイデンティティの問題で深刻に悩まないで済む人のかなりの割合は、たとえば地元や家族、パートナーや友人を無意識のうちに自分自身の構成要素としています。実際はそれらが代わりのきかないものなのに――というより、代わりがきかないほど頼りきっていて、それが当たり前になり過ぎているからこそ――ありがたみに気づかず、失ってしまってから後悔し、それがアイデンティティの危機に直結してしまう人もいます。

「何者かになりたい」と願っているとき、まだ手に入れていないものを自分自身の構成要素に加えるために頑張らなければなりません。もちろんそれは結構なことです。しかしそうなったときについ、もう手に入れているものや今まで自分自身の構成要素として当たり前だったものを軽視し、ほったらかしにしてしまう人もいます。

当たり前のものだからといって、失われないとは限りません。ずっとあなたが軽視しても態度を変えないのは実の親ぐらいのもので、パートナーや友人はあなたが軽視していれば態度を変えてしまうはずです。あなたが当たり前のものと思っている居場所にしてもそうです。ずっと顔を出していなかったり、あからさまに軽視するような態度を取ったりすれば、その居場所は当たり前のものではなくなり、やがて失われてしまいます。まだ若く、学校も職場もどんどん変わっていく時期はそれでも致命傷にはならないかもしれませんが、それこそ中年になった頃に当たり前過ぎるアイデンティティを失ってしまうと、立て直しは大変です。

当たり前過ぎてつい見失ってしまうかもしれないものが、自分自身の構成要素として、ひいてはアイデンティティの一部として大切なのだとしたら、失わないようにするにはどうすればいいのでしょうか。

私の場合は、「おかげさまで」の精神を大切にしていくのがいいと思っています。何者かになろうと頑張っているときには、その他のことがおざなりになりがちです。ある程度はそれも仕方ないでしょう。それでも、今そうやって頑張れる自分自身を成り立たせてきたのは誰のおかげなのか、どういった居場所のおかげなのか、そういったことを折に触れて思い出すことは大事です。しばらく会えなかった人にも「あなたのおかげで、無事に頑張っていますよ」と言えるような態度を定着させていけば、失うべきではない人や居場所に対して礼を尽くすことができ、それらを失ってしまうリスクはいくぶん減らせるはずです。
それと、何者かになろうと頑張っているものや、どうにか頑張って手に入れた何者かを誇りたくなるあまり、そうでないいろいろなものに唾を吐きかけてまわるようなことだけはしないようにしましょう。

日本には元々、年賀状やお中元などの習慣がありましたが、これらは「おかげさまで」の精神を形式にしたものだと私は思います。今ではこれらの習慣そのものは尻すぼみになりましたが、LINEのスタンプやSNSの「いいね」などにはこれに近い効能があるように思います。相手や状況やツールにあわせて「おかげさまで」を上手に伝えられるようになれば、すでに自分自身にとって大切になっている人や居場所をうっかりと失ってしまう確率は下げられるはずです。

たくさんの顔、たくさんの根、たくさんのアイデンティティを持て

令和の社会は、私たちに新しい場所、新しい人間関係、新しいアイデンティティを獲得する機会をたくさん提供してくれます。大都市圏に暮らしている場合はとくにそうで、交換可能性に溺れてしまってアイデンティティが見失われるリスクがあるとしても、そこさえ回避できればチャンスが無限に広がっている、とも言えます。

たとえば東京に住み、誰とも交流がなければ、文字通りの根無し草です。しかし、誰かと知り合い、どこかに居場所を見出し、仲間意識やライバル意識を共有できるなら、東京は複数の根を獲得できるチャンスのある場所です。しかも、自分によくフィットする相手や居場所の候補がほとんど無限にあります。

複数の根を持てるということは、それだけ自分自身の構成要素が増えるということで、そのうちひとつの構成要素になにかがあっても、あなたのアイデンティティが全面的な危機に陥るリスクは軽減できるということでもあります。

もちろんこうしたチャンスはオンラインのコミュニケーションをとおして手に入ることもあります。SNSやオンラインゲームなどをとおして誰かと知り合い、どこかに所属し、それがかけがえのない人間関係、ひいてはあなた自身のアイデンティティになっていくことはもはや珍しくもありません。私自身、オンラインで出会った知人たちともう20年来のつきあいを続けていますが、彼らは私のアイデンティティの一部をなしていて、おそらく命の続く限りつきあいが続くでしょう。

いつの日かパートナーを見つけ、家庭や子育てをスタートさせれば、それらも重要なアイデンティティの構成要素となります。

前章で触れたように、子育てとアイデンティティの関係には難しいところもあり、「○○の父・母としての自分」に入れ込み過ぎた状態が続けば、子どものアイデンティティの確立に影を落とし、親離れ・子離れの時期に自分自身のアイデンティティが危機を迎えてしまうかもしれません。それでも、たくさんの根を持っている人、たくさんのアイデンティティの構成要素を持っている親なら、「○○の父・母としての自分」に入れ込み過ぎてしまう危険性は軽くなり、親離れ・子離れがアイデンティティの全面的な危機に陥るリスクも軽減できます。

子育てをきっかけに退職した人が、子どもが大きくなった時点で職場に復帰するのは、この点では望ましいと言えます。もちろん、その職場で居場所や人間関係や評価といったものを獲得できるなら、という前提つきの話ではありますが。

子育てをきっかけに、地域のつきあいが本格化していく人もいるでしょう。地域のつきあいは当たりはずれがあるので、すべてがいいとは言い切れませんが、その地域を地元としてアイデンティティの構成要素にしていくうえでも、子育てのヒントをもらうにも、さまざまな効果があります。子育てをとおして近隣の人々と知り合って、そこから新しい人間関係や趣味が始まることも珍しくありません。

（広い意味での）コミュニケーション能力の問題

こうして振り返ってみると、現代人の生活とライフコースには自分自身の構成要素になるかもしれない出会いや人間関係の芽が無数にあり、選択肢も多種多様だと言えそうです。昭和時代の人間関係に比べれば、気に入ったものを選び、気に入らなかったものから身を引く融通性も高まっていると言えます。

こうした機会をフル活用できるなら、思春期に何者かになっていくのも、中年期以降にアイデンティティの危機を避けるのも、あまり難しくないでしょう。

ですが、ここまで読んで疑問や不安を感じた人もいらっしゃったのではないでしょうか。

「確かに選択肢は多種多様にあるだろう。でも、いろんな選択肢を選べる人はそれほどいないし、どこでもなかなか打ち解けない人だっているんじゃないか?」という疑問に対し、ここまでの文章は回答できていません。

どれだけ選択肢がたくさんあっても、どこのコミュニティにも所属できない、どこの人間関係にも馴染めない人がいるとしたら(実際、いることでしょう)、その人はどこも自分の居場所とは感じられないでしょう。他人から評価されたり褒められたりするチャンスも減るかもしれません。どこにも所属しにくく、評価されたり褒められたりするチャンスも少なくなれば、そのぶんトライアルやチャレンジにも消極的になり、学習やスキルアップでも遅れを取りやすいでしょう。

こうなると、コミュニケーションが苦手な人はそのぶんアイデンティティの確立が難しくなる、と考えざるを得ません。

そのうえAO入試のような評価システムが広まっていることを思うにつけても、容姿や礼儀作法も含めた、広い意味でのコミュニケーション能力の高低はアイデンティティの獲得・確立を左右するボトルネックになり得る要素だと私は思います。

私の記憶では、エリクソンはそんなことを書いていなかった気がしますが、令和時代の日本を見る限り、**（広い意味での）コミュニケーション能力の高低は、アイデンティティの獲得の難易に直結する**のではないでしょうか。

心理学の書籍をお読みになったことのある人のなかには、「コミュニケーション能力ばかり追いかけていると、アイデンティティの確立がかえって遅くなる」または「コミュニケーション能力にこだわり過ぎるのはアイデンティティ拡散の兆候だ」と考える人もいらっしゃるかもしれません。確かにそうで、たとえばコミュニケーションの指南本やセミナーなどをずっと追いかけている人のなかには、多額の費用をコミュニケーション能力の向上に費やしながら、アイデンティティの確立や獲得が遅れ続けている人もいます。

ですから、コミュニケーション能力を過大評価してもいけないのですが、それでも第1章や第2章で触れたように、誰かに評価されたり褒められたりするにも「集まっている自分たち」や「おれら・わたしら」を居場所にしていくにも、他人との接点が必要不可欠です。

学習やスキルアップについても、他人に評価されやすいか否か、独りぼっちか仲間意識やライバル意識が持てる人がいるかでモチベーションは大きく違ってきます。

それならコミュニケーションが苦手な人はどうすればいいのでしょうか。

まず、広い意味でコミュニケーション能力と呼ばれるもののうち、習得可能で、それでいて他人からの心証を左右するものは習得したほうがいいように思います。

10代や20代のうちから挨拶や礼儀作法などができている人はそれほど多くありません。挨拶や礼儀作法にはローカルルールがある場合があり、一般的な挨拶や礼儀作法が正解ではない場合もありますが、基本的には習得しておいたほうがコミュニケーションに有利で、習得していないほうがコミュニケーションに不利になります。

挨拶や礼儀作法は、それ単体ではあなたにアイデンティティを与えてくれるものではありません。「何者かになりたい」という気持ちにモチベートされにくいスキルだとも言えるでしょう。このため、何者かになりたくてしようがない人はこれを軽視しますが、できていればほとんどすべてのコミュニケーションの成功確率を高め、できていなければほとんどすべてのコミュニケーションの成功確率を低くしてしまうので、早く身に付けるに越したことはありません。

同じく、当たり前ではありますが、容姿にも気を配っておきたいものです。だらしない恰好をしないようにできるかどうかなども、ほとんどのコミュニケーションの成功確率を左右します。スキンケアや化粧が役立つこともあります。なにより、場や相手にあわせて適切な恰好ができることが重要です。言うまでもないことかもしれませんが、だからこそ意識しておいた方がいいでしょう。

最近はオンラインコミュニケーションが増えたので、たとえば写真を撮ったり加工したりすることも、LINEのスタンプやSNSの「シェア」や「いいね」を使いこなすこともコミュニケーション能力の一部です。もちろんSNSに投稿する文章、メールのやりとりをする文章もコミュニケーション能力の一部、それもかなり重要な一部です。新型コロナウイルス感染症が広まる前から、日本人のコミュニケーションのかなりの部分がオンライン化しているので、オフラインが苦手でもオンラインなら平気……という人も昔より増えていることでしょう。

オフラインとオンライン、どちらの状況でもコミュニケーションが得意であるに越したことはありません。だからつい「あれもこれもできなければならない」と思ってしまうかもしれませんが、オフラインとオンラインの両方がうまい人はあまりいません。自分が評価されやすく受け入れられやすい場所でコミュニケーションを行い、そこで自分自身の構成要素を獲得し、ひいてはスキルアップも重ねていったほうが、まんべんなくコミュニケーション能力を身につけようとするよりも有利なこともあります。または、そうするしかないこともあるでしょう。

まとめると、**コミュニケーション能力といっても幅は広く、適性にもさまざまなものがあるので、自分を有利にするとはっきりわかっているものや、どうしても必要なものをよく考え、身に付けていくのが望ましい**と思われます。また、挨拶や礼儀作法のように、身に付けたからといってそれが直接アイデンティティを授けてくれるわけではないものが案外重要だったりする点にも注意が必要です。

「何者かになる」ということは「他の何者かになれない」ということでもある

たくさんの人と出会い、時には別れ、仕事や趣味や人間関係を持つうちに、やがてあなたも年を取り、何者かになっていくでしょう。人によっては何歳になっても何者かになったという手ごたえが感じられない場合もありますが、そのような場合も「何者にもなっていない気持ちを抱えた中年」にはなってしまうわけですから、本当の意味で何者にもなれない・ならずに済むことはまずありません。

あなたが「何者かになりたい」と願うときには、「何になっても構わない」わけではなく、「今よりも望ましいアイデンティティを獲得したい」「今は持っていない構成要素を自分自身のものにしていきたい」というニュアンスがあるはずです。もちろんそれでいいのだと思います。どうか奮闘し、望みに向かって進んでいってください。

ただ、**「何者か」になったときには「そうではない何者か」にはなれなくなる**、ということは一応断っておきたいと思います。

第5章や第6章では、思春期から大人にかけてのアイデンティティの獲得・確立とそのあとについて書きました。自分自身の構成要素がだいたい固まると「何者かになりたい」と悩まなくなると述べましたが、これは、「別の何者か」になる余地がなくなっていくことと表裏一体です。

このことは、家族について考えるとわかりやすいと思います。誰かのパートナーとなり、誰かの父親や母親となった人は、別の家庭を持つことも別の子どもを持つこともできません。パートナーの選択は、別のパートナーと親密になる可能性とトレードオフです。子育てにしてもそうでしょう。何人子どもを授かるかはさておいて、授かった子どもとよその子どもは交換不可能です。

仕事の世界で出世した人、有名になった人もそうです。仕事の世界でたくさんの人に評価され、アチーブメントし、強力な人間関係を獲得した人はまさに何者かになったというにふさわしいですが、そうなればなるほど、その人は他の何者かには転向しづらくなります。なぜならひとつの分野で立派な何者かになればなるほどその分野で忙しくなり、他の仕事、他のジャンルで同じぐらい評価されるのも強力な人間関係を獲得するのも難しくなっていくだろうからです。サンクコストという問題もあるでしょう——長い時間や努力をささげてきた仕事をなげうって別のことを始めることは、そうした長い時間や努力の成果を捨ててしまうことでもあります。これは、なかなかできるものではありません。

第4章で、交換可能なものはアイデンティティとはならない、と私は書きましたが、逆に言うと、自分自身のアイデンティティとして獲得・確立された要素はそう簡単には交換不可能で、とくにそのことから大きな恩恵を受けていたり、社会的な認知が進んでしまったりしたら、もう、その「何者かになった自分」のままでやっていくしかない、という側面があるとも言えます。

「何者かになりたい」と願える時期とは、「まだ何者にもなりきっていない」時期だと言える一方で、「まだいくつかの何者かにもなれる」可能性を捨てていない時期でもあります。

あなたが目指したい「何者か」が高い望みで、実際にその望みに手が届くとしたら大変喜ばしいことですし、「望んだのとはちょっと違った何者か」になったとしても十分喜ばしいことですが、それは「他の何者か」にはなれなくなるということ、「可能性の芽を絞り込んだ先の何者か」になるということでもあります。

案外それが、思春期がおわって中年期が始まるということ、ひいては、「若者」をやめて「大人」を始めるということなのかもしれません。

おわりに

現代人の平均寿命は長くなり、何者かとして活動できる時間も長くなりました。昔の人は60歳を還暦と呼びましたが、最近は60歳を「第二の人生のはじまり」と考える人も多いようです。そうでなくても60歳を前に退職し、職業を変える人も増えていますから、中年期から先になっても「何者かになれる」「何者かにならなければならない」と願う人が増えたことでしょう。それをおわらない苦悩とみなす人もいらっしゃるかもしれません。

それでも、人間や人生は変わり続けるからおもしろい、という側面もあります。子どもから思春期に変わること・中年期や老年期になっても自分自身のアイデンティティが少しずつ変わっていくことは、悲劇といえば悲劇ですが、退屈しないという点や、私たちの発展可能性や人生の奥行きという点では、それほど悪い話ではありません。若い頃、「何者にもなれない」と感じていた人が、かなり年を取ってから「何者かになった」と感じたり、自分自身の構成要素に合点がいったと感じることもあります。人生は最後までわかりません。

ちなみにアイデンティティを失うのがどうしても我慢ならない人は、宗教を信仰し、それを自分自身の構成要素とするのもひとつの手かもしれません。ずっと前から信仰を集めていた宗教は、ずっと未来も信仰されている可能性が高く、死後も続く自分自身の構成要素とみなすこともできます。何百年も続く地元の伝統行事などもそうです。なにもかも移ろいゆく現代社会だからこそ、死ぬまで自分自身の構成要素とみなせる宗教や伝統の値打ちは、本当は高くなっているのではないでしょうか。あなたの生まれ育った家庭や地元にそういったものがあり、あなたがよく馴染んでいるなら、みだりに捨てないほうがいいかもしれません。

「何者かになりたい」という願いも、「自分は何者でもない」という悩みも、人間が変わり続けるからこそ出てくるものです。家柄や身分によって何者かがあらかじめ決まってしまっていた社会では、そのように悩むのでなく、家柄や身分によって「何者かにされてしまっている」ことを悩んだことでしょう。私たちの人生に自由選択の余地があり、私たちが自由だからこそ、私たちは自分自身の構成要素を自分で選べますし、選ばなければなりません。それが願いを生むと同時に、悩みが生まれる下地ともなります。

選ぶといえば聞こえはいいですが、実際には誰かと競争し、勝ち取っていかなければならないこともしばしばです。競争に勝てず、なりたいものになれなかった人もたくさんいます。それよりは家柄や身分によって何者かが決まっていた社会の方がいいのではないか、と思う人もいるかもしれません。ですが、そのような社会は私たちの社会に比べて活気が乏しく、モチベーションの得にくい社会ではないでしょうか。自分がなりたいものを目指せること、自分自身の構成要素を自分で欲しがり、そこにアプローチできることに、私たちはおおいにモチベートされていて、そのおかげでいろいろなことを経験し人生を豊かにできるのではないか、とも思うのです。

この本は、そうした「何者かになりたい」と願う人に、おおざっぱではありますが、その気持ちの背景にあるメカニズムとよくある問題、対処法について解説したものです。この本を読んだからといって、たちまちアイデンティティが獲得できるわけでも、この本があなたをおだてて「何者かになった」ような気分にするわけでもありません。それでも、もっとたくさんのことを望み、そのぶんたくさん悩んでいくあなたの人生行路をわずかでも照らせたらいいなと祈っています。

「祈るだけでは足りないぞ」とおっしゃる人もいそうですね。でも、この本も含めて、いわゆる人生のネタバレってなかなか年上から年下に伝わらないものだと私は知っています。なぜなら私が若かった頃、年上の人の話す人生談義は話半分にしか聴いていなかったからです。私と同年代の人々もそうだったし、私より少し年下の人々もそうでした。だから「何者かになりたい」について私が書いたことが、どこまで伝わり、お役に立てるのか、本当はちょっと心もとない気持ちでいます。それでもなにかがあなたに伝わり、人生のこれからに少しでも役立てていただけるとしたら、この本の筆者としてはうれしい限りです。

「何者かになりたい」という気持ちをどうか大切にして、うまく活かして、あなたの人生を豊かにしていってください。

最後に、この本をつくるにあたって熱意をもって支えてくださったイースト・プレスの矢作奎太さんに感謝申し上げます。また、この本に連なる既刊2冊をご担当いただいた方便凌さん、平井悠太郎さん、オフ会で何者問題についてのさまざまな議論におつきあいくださった皆様にも御礼申し上げます。

2021年5月　熊代亨

何者《なにもの》かになりたい

2021年6月16日　第1刷発行

著者　熊代《くましろ》 亨《とおる》

イラストレーション　小林ラン

ブックデザイン　albireo

校正校閲　konoha

本文DTP　臼田彩穂

編集　矢作奎太

発行人　北畠夏影

発行所　株式会社イースト・プレス
〒101-0051東京都千代田区神田神保町2-4-7久月神田ビル
Tel.03-5213-4700　Fax.03-5213-4701
https://www.eastpress.co.jp

印刷所　中央精版印刷株式会社

©Toru Kumashiro 2021, Printed in Japan
ISBN 978-4-7816-1983-5

本書の内容の全部または一部を無断で複写・複製・転載することを禁じます。
落丁・乱丁本は小社あてにお送りください。
送料小社負担にてお取り替えいたします。
定価はカバーに表示しています。